受験者の ココが 気になる！Q&A

[illegible]音楽
[illegible]言語

全：試験時間は事前にわかるの？

A：造形はガイダンス終了後、一斉スタートです。ガイダンス終了から[illegible]始までありま時間がありませんので、速やかに自分の試験室に移動しましょう。音楽と言語は、ガイダンスで配られるタイムスケジュールを見るまで試験時間はわかりません。タイムスケジュールは全員分が一覧になっていますので、自分の受験番号と試験時間を確認して（マーカーなどがあると便利）、20分前までに指定された待機室に入りましょう。

全：当日の服装や髪型などはどうしたらいいの？

A：スーツである必要はありませんが、保育士としての面接試験的な要素もあると考え、ラフすぎるものは避け、清潔感のある服装がよいでしょう。アクセサリーなども試験の邪魔にならないよう、華美になりすぎないようにしましょう。

全：お弁当はいる？

A：選んだ科目によっては時間が空くことも考えられます。軽くでもお弁当があると安心です。会場近くのコンビニなどは混雑や売り切れなども考えられますので、購入するのでしたら地元や乗り換え途中など、早めがいいかもしれません。

全：時間が空いたら外出できる？

A：可能です。会場近くにカラオケ店やスタジオなど、音を出して練習できる場所があれば活用するのもよいでしょう。ただし、夢中になりすぎて時間を忘れないように！

全：受験票や筆記用具の他にあったら便利なものは？

A：実技試験は6月または12月です。のどが渇きすぎないよう十分な水分を用意しましょう。また、会場によっては夏でも冷房が効きすぎている場合があります。指が冷えないよう手袋などもあると安心ですね。

音 p.12に実物大のピアノの鍵盤がありますので、コピーして持って行くと指の練習ができます。また、課題曲を録音してイヤホンで聴けるようにしておくと落ち着くかもしれませんね。のど飴や、冬は使い捨てカイロも役に立ちます。

造 色鉛筆を取りやすいように広げておける無地のハンドタオルや、鉛筆立てなどがあると必要な色をさっと取れて便利です。ただし、事前に試験官に使用することを伝えてチェックを受けておきましょう。

言 自分の台本はもちろんですが、秒針のついた時計などがあれば、ペースを確認するのに便利です。ただし、会場で音を出して練習するのは禁止ですので、声に出さずに確認するか、会場の外に出ましょう。

※記載の内容は独自取材の情報です。ガイダンス開始時刻などは必ず受験票で確認しましょう。

保育士 実技試験完全攻略 '24 年版

CONTENTS

※この書籍では試験分野の表記を下記の通り省略しています。
「音楽に関する技術」→「音楽」
「造形に関する技術」→「造形」
「言語に関する技術」→「言語」
※本書は、原則として2024年２月現在の情報に基づいて編集しています。

音楽

造形

言語

保育士実技試験のガイダンス

試験に関する情報等は変更になる可能性がありますので、事前に必ずご自身で、試験実施団体である（一社）全国保育士養成協議会の発表を確認してください。

★令和６年保育士試験の大まかな流れ

❶ 筆記試験　前期実施分は4月20、21日、後期実施分は10月19、20日にそれぞれ2日間の日程で実施されます。

❷ 実技試験　筆記試験の全科目合格者（免除科目を含む）を対象に、前期実施分は6月30日、後期実施分は12月8日に実施されます。

- 受験申請時に選択した2分野で受験します。
- 50点満点で採点され、両分野とも満点の6割以上を得点しなければなりません。
- 受験地は筆記試験と同じ都道府県です。

※幼稚園教諭免許所有者で実技試験免除申請をした方は実技試験は免除となります。

★実技試験の試験分野

【音楽に関する技術】

幼児に歌って聴かせることを想定して、課題曲の両方を弾き歌いする。

求められる力：保育士として必要な歌、伴奏の技術、リズムなど、総合的に豊かな表現ができること。

【造形に関する技術】

保育の一場面を絵画で表現する。

求められる力：保育の状況をイメージした造形表現（情景・人物の描写や色使いなど）ができること。

【言語に関する技術】

3歳児クラスの子どもに「3分間のお話」をすることを想定し、課題の四つのお話のうち一つを選択し、子どもが集中して聴けるようなお話を行う。

求められる力：保育士として必要な基本的な声の出し方、表現上の技術、幼児に対する話し方ができること。

★実技試験当日の流れ

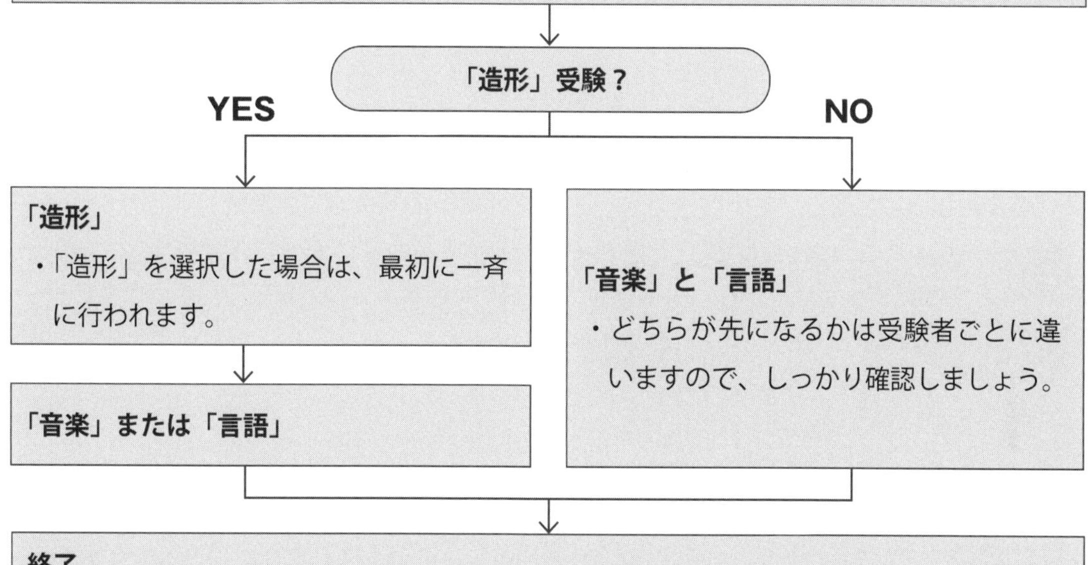

★試験に関する問い合わせ先

（一社）全国保育士養成協議会
〒 171-8536　東京都豊島区高田 3-19-10
◆保育士試験事務センター
フリーダイヤル：0120-4194-82
オペレータによる電話受付は、月曜日～金曜日 9：30 ～ 17：30（祝日を除く）
代表電話：03-3590-5561
ホームページ：https://www.hoyokyo.or.jp/　　e-mail：shiken@hoyokyo.or.jp

本書は、原則として「令和 6 年保育士試験受験申請の手引き［前期用］」に基づいて編集しています。

緊急特集！

課題を攻略！

➔ 詳しい解説は p.14 から！

♪夕焼け小焼け

1923 年 (大正 12 年) に発表された童謡で、「親子で歌いつごう　日本の歌百選」に選出されています。メロディに使われている音は「ドレミソラド」で、４番目のファと７番目のシの音のないことから「ヨナ抜き音階」と呼ばれます。半音のミファ、シドがないことで歌いやすく、どこか懐かしい響きを感じる音階でつくられているメロディです。

♩＝ 84 くらい

夕焼け小焼け

中村雨紅　作詞
草川　信　作曲

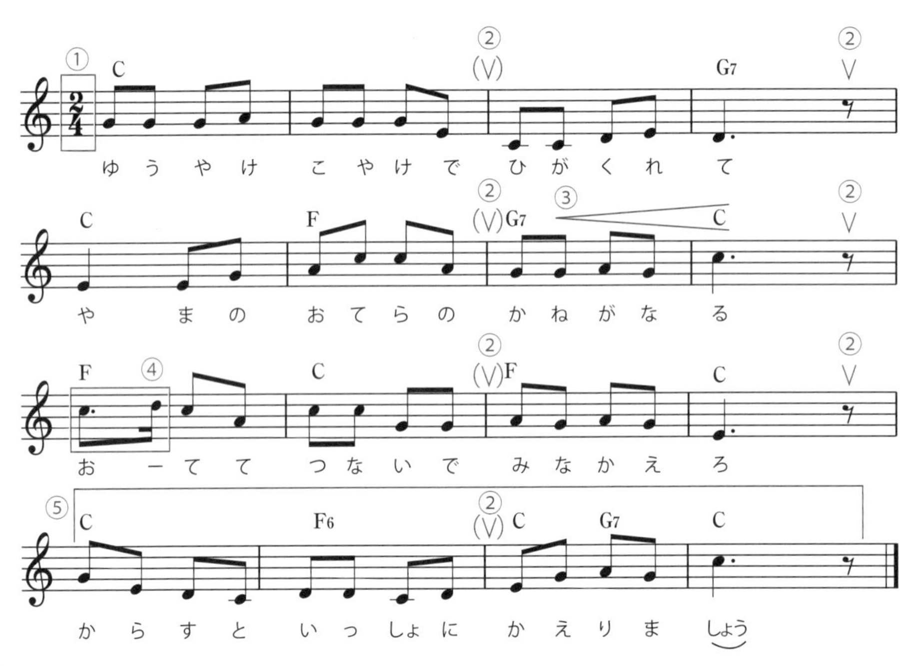

合格へのポイント！

①ハ長調、４分の２拍子。テンポは♩＝ 84 くらいです。
②４小節ひと息でうたうイメージなので、１段ごとの V ブレス（息継ぎ）になります。途中で息が足りなくなったりした場合は（V）の箇所で少しだけ吸ってください。
③ 7､8 小節目でクレッシェンド（だんだん強く）をして 3 段目への流れをつくりましょう。
④スキップリズムで最高音の高いレがでてきます。曲中でいちばん盛り上がるフレーズです。口の中を広くあけて、ことばのひとつひとつをはっきりと歌いましょう。
⑤最後のフレーズです。声をどう止めるか、「終止感」を意識しましょう。

課題曲は（1）**夕焼け小焼け**（2）**いるかはザンブラコ**の２曲です。「夕焼け小焼け」は自然の情景と人々の行動が歌詞で描かれているので、帰途への安堵感を誘うよう明るくのびやかに。「いるかはザンブラコ」は３拍子の流れにのって、繰り返されるリズムの楽しさを表現します。

※ p.38 ～ 43 に課題曲の伴奏コードがありますので参考にしてください。

※課題曲は「令和６年保育士試験受験申請の手引き［前期用］」に基づいています。

♪いるかはザンブラコ

NHK 教育テレビの子ども向け音楽番組「ワンツー・どん」で放送された楽曲です。ワルツの３拍子とダジャレ、優雅さとユーモアのある作品です。元気よくいきいきと歌いましょう。

♩＝138 くらい

いるかはザンブラコ

東　龍男　作詞
若松正司　作曲

合格へのポイント！

①ト長調、４分の３拍子。テンポは♩＝138 くらいです。１小節を１拍に捉えます。

②８小節目までが１フレーズです。1、3、5 小節目１拍目の休符でしっかりブレス、「ザンブラコ」をはっきりと、８小節目の付点２分音符の長さが短くならないように。

③「い」が３回出てきます。歌詞がダジャレになっていて、この曲のユーモアポイントなので、笑顔で歌いましょう。４度、６度の跳躍音程は丁寧に。

④付点２分音符と４分音符がタイでつながれています。４拍の長さを正確に歌います。最後の４分休符２拍分（ウン、ウン）まで音楽があることを意識しましょう。

緊急特集！

課題を攻略！

言語

➜ 詳しい解説は p.98 から！

それぞれの課題について、台本アレンジや語り方のポイントをまとめました。

（1）「ももたろう」

一般的によく知られているお話は、まず川から流れてきた桃の中からももたろうが生まれ、成長してきびだんごを持って鬼ヶ島へおに退治に行きます。そして途中で犬、さる、きじをお供に加え、おにを退治する、というものでしょう。お話の展開にはあまりアレンジを加えずに台本を作りましょう。

：・ポイントとなる外せない場面がいくつもあるので、あらすじをたどるだけで意外と時間がかかります。登場人物によってはセリフを省略するなど工夫しましょう。

：・場面転換が多いお話なので、テンポよくお話ししましょう。
・おに退治の場面は、おにが怖くなりすぎないように、ユーモラスに演じましょう。
・元気よくお話ししましょう。

※このお話の**台本アレンジ例と語り方のポイントが p.115 ～にあります**。

（2）「おむすびころりん」

この話には、欲張りなおじいさん、おばあさんが出てくるもの、出てこないものがあります。また、それにより結末もいくつかパターンがあります。好きなものを選び、時間内でどのような構成にするのかを考えましょう。

：・３分間で語るためには、思い切った省略が必要です。欲張りなおじいさんの話は入れなくてもよいでしょう。
・時間調整のために、セリフの量を工夫してみましょう。

：・「おむすびころりん　すっとんとん」を明るくリズミカルに繰り返しましょう。
・おじいさんは楽しそうな声で。
・ネズミの声はかわいらしく。

※このお話の**台本アレンジ例と語り方のポイントが p.120 ～にあります**。

課題は次の４つです。それぞれに台本例がありますので参考にしてください。

（１）「**ももたろう**」　（２）「**おむすびころりん**」

（３）「**３びきのこぶた**」　（４）「**３びきのやぎのがらがらどん**」

※課題は「令和６年保育士試験受験申請の手引き［前期用］」に基づいています。

 は台本アレンジのポイント、 は語り方のポイントです。

（3）「3びきのこぶた」

この話には大きく分けて、おおかみがこぶたに食べられてしまう（おおかみが死んでしまう）話と、おおかみが逃げていく話があります。参考にする本によっていろいろなものが伝わっていますので、どんな話にするのかを考える必要があります。絵本もたくさん出ていますので参考にしてください。

：・頑丈なれんがで家を建てたこぶたが一番勤勉であるというような教訓は、お話の醍醐味を薄めるので、中心に持ってこないように注意！

：・おおかみの声は、子どもたちを怖がらせすぎないように声量を落としましょう。

※このお話の**台本アレンジ例と語り方のポイントが p.112 ～にあります**。

（4）「3びきのやぎのがらがらどん」

このお話は、小さいやぎ、中くらいのやぎ、大きいやぎが出てきて、最後に出てくる一番大きなやぎがトロルという魔物をやっつける、というお話です。怖いトロルがやっつけられることによって、子どもは安心感を得ます。

：・外国の昔話なので、子どもになじみのない言葉が出てきます。子どもがわかる言葉に言い換えましょう。

：・橋の揺れ方や、声の大きさ、口調を変えることで、だんだん大きなやぎが出てくることを表現します。
・トロルが怖くなりすぎないように気をつけましょう。

※このお話の**詳しい台本アレンジ例と語り方のポイントが p.106 ～にあります**。

緊急特集！

合格者に聞いてみました

受験科目

Aさん：造＋言　Bさん：造＋言
Cさん：音ギター＋言　Dさん：造＋言
Eさん：音ピアノ＋造

どんな練習をしましたか？

A：造は参考になりそうなサイトや絵本を探して、一つひとつパーツから練習、言は図書館で本を借りて自分で台本を作成し、お風呂で練習しました。

B：造は成美堂出版の本を見ながらスケッチブックに模写しました。２週間前くらいからは、ケント紙に実際のサイズで、時間を計りながら模写をしました。
言も成美堂出版の台本を参考に、一部だけ変えて、料理を作っている時やお風呂タイムに練習しました。

D：造は成美堂出版の本ともう１冊、両方のポイントを確認してから練習しました。
言は子どもの通う幼稚園の先生の素話（すばなし）を参考にして、自分で台本を作りました。演じ方はNHKの子ども番組を参考にしました。

E：音は、自宅にピアノが無いので週末に実家に通い、アップライトピアノで練習しました。伴奏は成美堂出版の楽譜を使用。

試験当日に困ったことなどはありましたか？

A：説明の始まる前にトイレに行こうと思ったらすごく混んでいたので、早めに行った方がいいですね。

E：２つの試験の間の待ち時間が４時間以上あって、まさかそんなにかかるとは思わず……びっくりしました。

試験当日に大事なことってありますか？

A：忘れ物をしない、遅刻をしない、平常心を保つ。

B：別の建物へ移動することもあるので、時間に余裕を持って行動する。

C：待ち時間をどう過ごすかが大事。私は指定の待合室でイメージトレーニングをして過ごしました。

D：心配なことは係の人に何でも聞いて、不安は早めに解消してしまいましょう。

E：絵や演奏の上手な人に気後れしないこと。

逆に、これは失敗した……ということはありますか？

A：言で、緊張から早口になり、時間が余ってしまいました。余った時間は「みんな、楽しかったかな？」という感じの笑顔で過ごしました。

実技試験に合格した人たちに、いろいろ質問してみました！　ぜひ参考にしてみてください。

音：音楽　造：造形　言：言語

B：造の試験前に自分の描いた絵を持ってきている人がいたので、自分も持っていけばよかったです。

D：言で最後までお話しできませんでした。あと、待っているときに他の受験者の声が聞こえて緊張してしまいました。

もっとこんな準備をしておけばよかった！　ということはありますか？

B：自分の言の素話を録音して持っていき、待ち時間に聞けるようにしておけばよかったです。

C：言は、時間を意識した練習をもっとしておけばよかったと思います。

D：試験前に子どもが感染症にかかってしまい、預け先のことなどでばたばたしてしまいました。諸々の調整は早いうちに！

E：音は楽器の練習に気をとられがちですが、「歌」の練習をもっとしておけばよかったと思います。本番は緊張で声が出にくかったです。

受験生の皆さんにアドバイスがあれば何でもお願いします！

B：造は模写でいいからとにかく数をこなしておく。全く同じ課題は出題されなくても、部分的には使えるところがあるので。

C：緊張しすぎないこと。緊張したら、子どもたちの姿を思い浮かべて楽しい気分に！

D：造でよく使う色鉛筆には、あらかじめマスキングテープで印を付けておくとわかりやすいです。言の素話は、一回は緊張するシチュエーションで演じておくといいと思います。

E：絶対に諦めない。音で歌い始めを間違えて焦って伴奏もひどく間違え、やり直しをせざるを得ない状況に陥りましたが、「初めからやり直します」と言ってやり直しをし、それでも合格できたので。

ちなみに、どんな服装で行きましたか？

A：オフィスカジュアル。

B：白いセーターとグレンチェックのパンツ。

C：シャツとジーンズ。

D：ナチュラル系のブラウスとスカート、黒のスリッポン。

E：シャツ、カーディガン、コットンパンツ、かかとの低い靴。温度調節ができて動きやすい感じで。

練習や準備も人によっていろいろですね。自分に合いそうな方法は積極的に取り入れてみましょう！

実物大のピアノの鍵盤です。コピーしてお使いください。

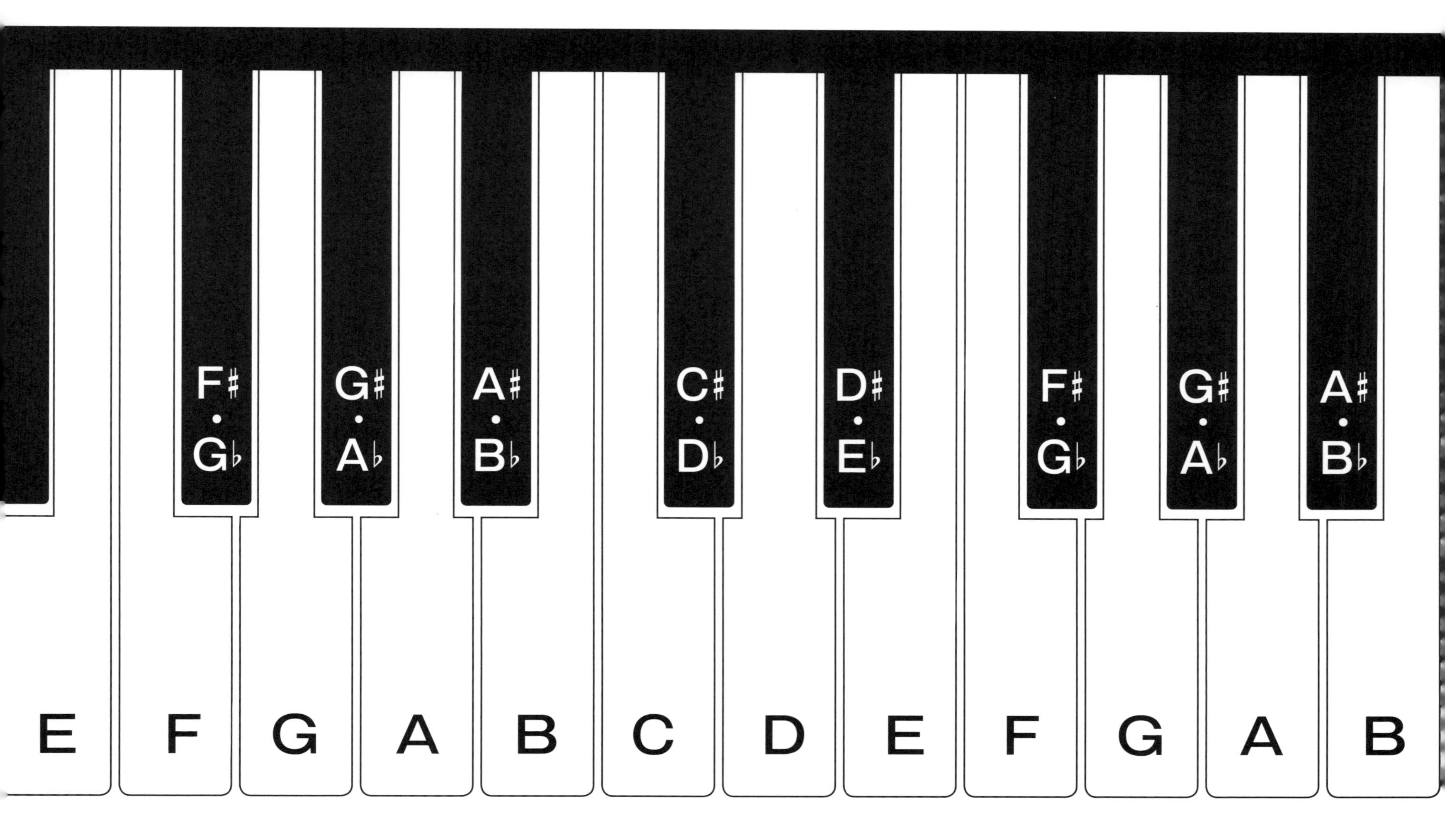

音楽

音楽

「音楽」の実技試験は「弾き歌い」です。幼児に歌って聴かせることを想定して、試験実施団体が公表している課題曲２曲を弾き歌いします。笑顔で子どもたちに歌いかける、保育士らしい明るい表現を求められています。楽器は苦手という人も、しっかり練習して合格をめざしましょう。

保育の弾き歌いとは

(1) ポイントは「歌」

弾き歌いの一番の評価ポイントは「歌がしっかり歌えること」です。歌が苦手でも、本番で少々間違えても、とにかく明るい笑顔で歌いきることが高評価につながります。

子どもたちに「ねぇねぇみんな聴いて、聴いて！　こんなお歌があるよ。楽しいよ！　一緒に歌おう！　音楽で遊ぼう！」という気持ちを音楽・歌で伝えることができますか？　という試験なのです。子どもに歌い聴かせるので、テンポはゆっくりめ、歌詞をはっきり歌うことが大切です。

(2) 伴奏試験ではない

弾き歌いに求められる伴奏技術は難易度の高い楽譜の演奏ができることではありません。ピアノが得意だからといってピアノが前面に出る、歌が苦手だから少々難しい伴奏にチャレンジ、などという考えは試験の目的から外れています。

(3) 評価のポイント

全体を通して伴奏しないで歌だけ歌う演奏、全体を通して歌を歌わないで伴奏だけを弾く演奏、歌と同じ単旋律のみを弾きながら歌を歌う演奏は、採点の対象外となりますので、注意しましょう。

弾き歌いの基本評価には、安定したテンポ、正確なリズム、正確な音程、などがあげられます。加点ポイントとしては、強弱をしっかりつける、スラー、スタッカート、アクセントなど、音楽的な工夫を加え、採点委員に伝わるようにオーバーに表現することです。また、全体のバランスも大切です。歌よりピアノが強くならないこと、またピアノのメロディ（右手）より伴奏（左手）が強くならないようにしましょう。

「音楽」試験の流れ

試験の当日の流れの例です。新型コロナウイルス感染症対策等のために、会場によっては違う場合もありますので、ガイダンスのときに必ず自分で確認しましょう。

待機

1 待機室で待機
- 待機室は当日発表されます。**20分前までには必ず入りましょう。**
- 進行状況によっては時間が早まることもあるので注意！

2 誘導に従い試験室前へ移動
- 試験開始時刻（目安）の**5～15分前**に試験室前に誘導されます。
- 試験室前に5名程度が並んで待機します。

入室～スタート

3 入室
- 順番が来たら案内により入室し、指示に従って手荷物を置きます。
- 受験番号と氏名を採点委員に告げ、本人確認をします。
- 受験票の「受験番号シール」を2名の採点委員に**1枚ずつ手渡します。**

試験開始～終了

4 採点委員の開始の合図で弾き歌いを始める
- 指定された順番で伴奏しながら歌います。
- 終了したら挨拶して退室しましょう。

歌うのは1番だけだよ。

伴奏楽器を決めよう

伴奏楽器は、ピアノ、ギター、アコーディオンから選ぶことができます。

①ピアノ

試験で使用するピアノは、グランドピアノ、アップライトピアノ、もしくは電子ピアノです。リズム、メロディ、ハーモニーを同時に奏でられるピアノは、豊かな表現ができる楽器です。

②ギター

ギターは最もコード伴奏がしやすい楽器です。経験者は、ピアノにこだわらず、挑戦してもよいでしょう。ただしアンプは使用できないので、アコースティックギターでの受験となります。また、ギターはその都度チューニング（音程調節）が欠かせません。試験では、あらかじめ申し出て、所定の場所でチューニングを済ませておきます。試験室でのチューニングはできませんので気をつけましょう。

③アコーディオン

アコーディオン受験はとても少ないですが、保育の現場はもちろん、さまざまな教育の場で活躍できる楽器です。蛇腹と呼ばれる部分を左右に動かしながら演奏します。右手は鍵盤、左手は蛇腹を動かしながらベースボタンを押して和音やリズムを奏でます。

ギター、アコーディオンは楽器を持ち込んでの演奏になります。慣れ親しんだ自分の楽器で演奏することができますが、楽器を持っての移動や、セッティングなどには注意が必要です。

どの楽器も、これから始めようという初心者の方は独学では結果的に遠回りすることになってしまうことも多いので、短期間で習える教室を探すのもよいでしょう。

練習するときにはメトロノームアプリを使ってみよう！
リズム感がよくなるよ。

練習の準備をしよう

ピアノ伴奏を選択した場合、本物のピアノで練習できることが望ましいのですが、**電子ピアノ**でも十分練習は可能です。鍵盤までの高さや鍵盤の大きさはほぼ一緒です。また、音量の調節ができ、ヘッドホンを使えるので時間を気にせず練習ができます。

キーボードでも練習はできますが、**鍵盤の感触**が違います。鍵盤そのものが薄く、押す深さと戻ってくるタイミングがピアノとは違うので、本番前は**本物のピアノ**で練習しておいた方が安心です。これからキーボードを購入する際は、次の条件を満たすものがよいでしょう。

●キーボード選びのポイント

①鍵盤の大きさが本物のピアノと同じもの
②鍵盤数は４～５オクターブあるもの
③タッチレスポンス機能があるもの（強弱がつけられる）

（1）演奏（伴奏）内容を決めよう

ある程度の演奏経験がある方は、自分のレベルに合わせて選択します。初心者の場合は、試験までの残り期間や、自分の練習の進み具合に合わせて次の中から考えてみましょう。

●伴奏の決め方とそのメリット

①ハ長調に移調する…………黒鍵がなく、弾きやすい
②課題の調で演奏する………楽譜がそのまま使える
③市販の楽譜を利用する……自分の演奏しやすいものを選ぶことができる

（2）毎日練習しよう

声帯（声を出す筋肉）と指に演奏感覚を記憶させましょう。**試験は楽譜の持ち込み可ですが、暗譜（楽譜を見ずに演奏できること）できる状態にしておきましょう。指はすぐには動きません。**p.25 の指の動きなどをお風呂や電車の中など、空き時間を利用してトレーニングしましょう。

●練習の順番

1　指を動かす練習……お風呂や電車の中など、空き時間を利用しよう
2　右手の練習…………指が覚えるように、指使いを決めて練習しよう
3　左手の練習…………右利きの場合、右手よりも時間がかかるので丁寧に練習しよう
4　両手の練習…………左右のバランスに注意しよう

歌の練習

（1）姿勢

歌でも、ピアノでも、演奏するための第一歩は「**正しい姿勢**」です。正しい姿勢がとれると安定した発声や安定した奏法が得られます。

①身体の準備をしよう

まず最初は身体の準備です。余分な力を抜く「**脱力の感覚**」を覚えましょう。

●身体の準備

1　両手を組んで、上に思い切り伸ばす
2　お腹も脇も背中もググッと上に引っ張る
3　一気に力を抜いて腕をストンと下ろす

肩や腕の力が抜けた感じがしましたか？
この感じが「脱力の感覚」です。

②正しい姿勢をとろう

では、身体の余分な力が抜けたら正しい姿勢をとりましょう。

●正しい姿勢のとり方

1　足を肩幅くらいに広げて立つ（座る場合は浅く腰掛け、膝の下にかかとがくる）
2　背筋を伸ばして腕は自然に両脇に垂らす
3　重心はわずかに前に（身体はまっすぐ）
4　顔は正面に（あごが出ないように）

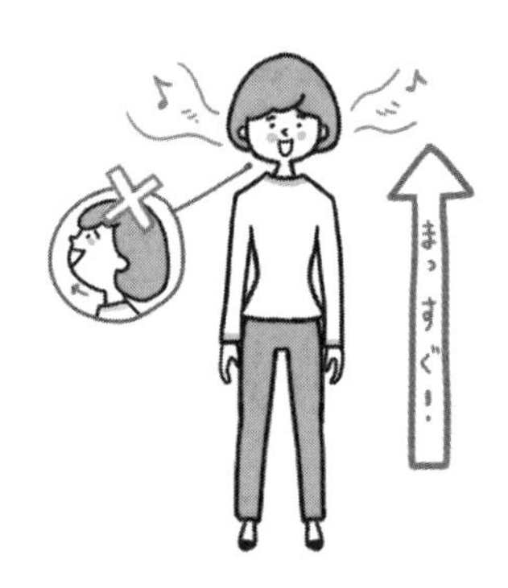

（2）腹式呼吸

① 2つの呼吸法

姿勢ができたら次は呼吸法です。呼吸には「**胸式呼吸**」と「**腹式呼吸**」があります。

胸式呼吸は胸を使った浅い呼吸で、走ったあとのように息を吸うときに肩が上下して胸が広がる呼吸です。

②腹式呼吸は深い呼吸

腹式呼吸はお腹を使った深い呼吸で、よくわかるのは、寝ているときです。息を吸うとお腹がふくらみ、息を吐くとお腹のふくらみが戻ります。

歌うときの基本の呼吸は「腹式呼吸」です。お腹を使った深い呼吸「腹式呼吸」は身体の下の方に空気が入るので、重心が下がり、姿勢が安定します。胸式の浅い呼吸になると、身体全体、特にのどに力が入ってしまい、声帯が硬くなり声が出にくくなります。

③腹式呼吸の練習

では、腹式呼吸の感覚を体験しましょう。

椅子に座って、頭と腕を下げ、ダランと前かがみになります。そのままゆっくり息を吸うとお腹がふくらみ、吐くと戻るのがわかりますか？　これが腹式呼吸をしているお腹の感覚です。この感覚を身体で覚えましょう。

最初は、胸もふくらんだり肩が上がったりして胸式呼吸になってしまうかもしれませんが、繰り返し行えば必ずできるようになります。意識しなくても腹式呼吸ができるようになるまで毎日練習しましょう。

●腹式呼吸の練習法

1　脱力し、正しい姿勢をとって、みぞおちから足の付け根へ静かに入っていくイメージで息を吸う
2　流れを止めずに自然に吐く
3　慣れてきたらカウントしながら、「2 秒吸って 2 秒吐く」を繰り返す（さらに慣れたら「4 秒吸って 4 秒吐く」）

ワンポイント　腹式呼吸でリラックス

腹式呼吸は寝ているときの自然な呼吸です。副交感神経を優位にしてリラックスさせる効果があります。試験当日はしっかり腹式呼吸をしましょう。緊張をやわらげることができますよ。

（3）発声

①声を出す

まず、腹式で静かに呼吸し、のどの力を抜いて、少し口を開け、ため息をつくように「はぁー」と息を吐きながら声を出します。

次は息に声をのせる感じで、「あー」と声を出してみましょう。そのとき、のどに力が入らないように気をつけましょう。長くのばしたり、高くしたり、低くしたりしてみましょう。

②音程をつける

今度は音程をつけて歌ってみましょう。息を軽く音程にのせる感じです。

③発音する

次は母音で歌いながら「発音」の練習をしてみましょう。日本語は母音と子音の組み合わせです。ここでは、口の動きがスムーズな「あえいおう」と、なめらかな流れで練習します。

音程をつける前に、鏡で口の形をチェックしましょう。

●「あえいおう」の口の形

「あ」… 口を大きく開けて、舌を下げます。リンゴをかじるイメージで
「え」…「あ」の形を基に、舌の真ん中から先を少し浮かすつもりで
「い」…「え」の形から口を横に開く。自然な笑顔のイメージで
「お」…「い」の形から口を縦に。唇を前に突き出すように
「う」…「お」の形から唇を狭く前へ出すように寄せる

④発声練習

発音が整ったら、いよいよ音程をつけながらの発声練習に入りましょう。

・音域は 

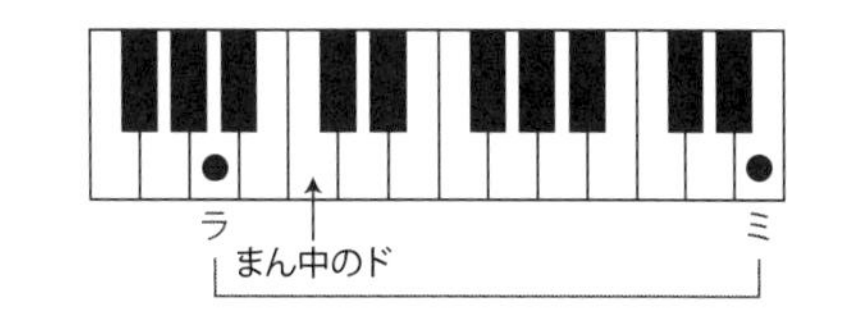

・高い音はのどに力を入れずに。

・長い音は腹式呼吸を忘れずに。

〈上行練習〉

少しずつ音程を上げていきましょう。

〈下行練習〉

今度は逆に下がります。

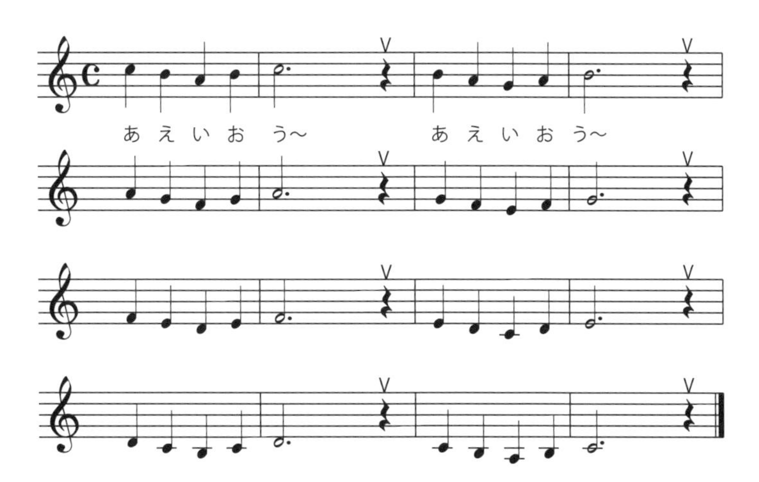

歌のポイント

1 姿勢……足は肩幅、背筋を伸ばし、重心は少し前に。

2 腹式呼吸……お腹を使ってしっかり呼吸。胸や肩が上がらないように。

3 発声

①のどに力を入れない……*f*（フォルテ）で歌うとき、高い音域を歌うときには特に注意。

②口を大きく開ける
③舌を下げる
……口の中の空間を広くして、響きのある歌声に。

4 笑顔……頬骨が上がり、声色が明るくなります。

歌詞は、歌うだけではなく、朗読もしてみましょう。発音の練習にもなりますし、その歌詞の持つ歌のイメージを把握することができると、表現の幅が広がります。

高い声、低い声、ゆっくり、早口でなど、いろいろなやり方で試してみましょう。

ここも確認！　強弱記号

ff	フォルティッシモ	とても強く
f	フォルテ	強く
mf	メゾフォルテ	やや強く
mp	メゾピアノ	やや弱く
p	ピアノ	弱く
pp	ピアニッシモ	とても弱く

伴奏の練習

伴奏は歌とのバランスが大切です。ここからはピアノを中心に伴奏のポイントを見ていきましょう。伴奏技術やリズムなど、総合的に豊かな表現をめざして練習しましょう。

(1) 姿勢

イラストのように、まずは背筋を伸ばして座ります。膝頭がピアノの下に少し入るくらいの位置に座りましょう。腰にきちんと重心がかかり、両足の裏はしっかり床を踏み、踏ん張れる状態にしてください。

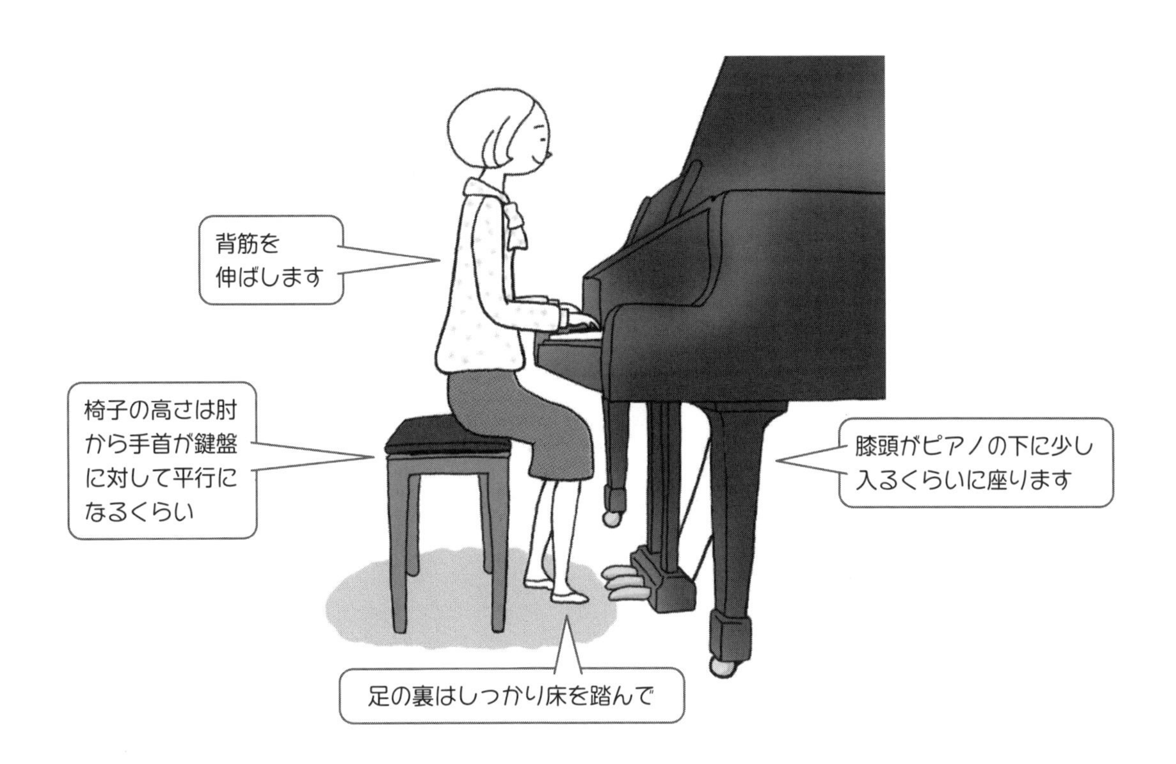

肘から手首が鍵盤に対して平行になるように椅子の高さを調節します。初心者の方は、肘が少し高くなるように調節して足裏で床をしっかり踏めるようにしてみてください。

椅子には中央より前半分あたりに、浅く座ります。身体の余分な力は抜いて、肘は肩幅より少しだけ外側に開くようにします。脇の下にテニスボールを軽くはさむような感じで少しあけましょう。腕からかかる重みが肘と手首に分散され、指をコントロールしやすくなります。

（2）腕の使い方

ピアノは指で弾きますが、打鍵をするときは指からつながっている関節や手首、肘、肩が連動しています。**支えと脱力**が大切です。大人は、各部位が硬くなっていることが多いので、弾く前に１指ずつ、指を回したり、肩や手首を回したりしてほぐしましょう。

・腕の脱力と手の形

まず、腕を自然に下ろしてみましょう。指先が軽く曲がっていると思います。

次に肘だけに力を入れて、内側に二つ折りにします。

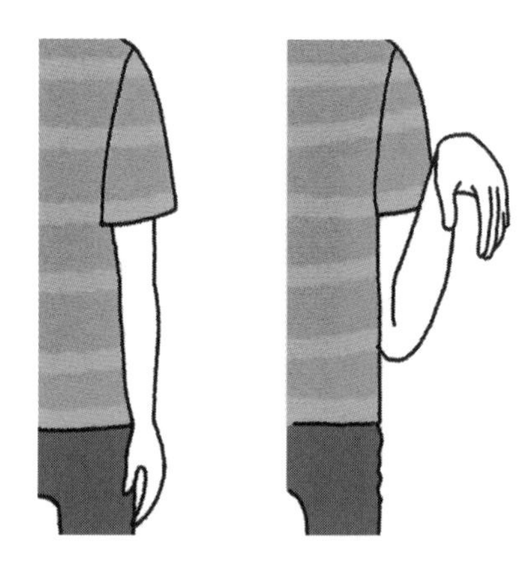

このときの、腕、肘、手首の状態を覚えておきましょう。脱力できているよい状態です。この感覚のまま鍵盤の上に手をのせてください。**手のひらに卵**を１個持っているようなイメージです。

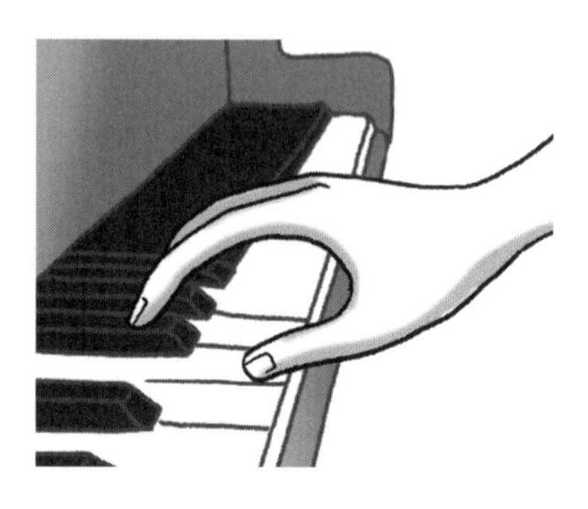

鍵盤に触れるのは**指の先**です。指の腹でべたっと押す癖がついてしまうと関節を伸ばして弾くようになり、弾きにくくなります。初心者は、まずはきちんと**指先で押す**形を身につけましょう。

親指と小指は**鍵盤**を押すときに手の形が崩れやすいので、正しいタッチポイントを覚えましょう。親指はつめの横、小指は寝ないように指先を立たせます。手首を上げて肘を外側に開くと小指が立ちやすくなります。

（3）指の動き

指の動きで大切なのは、一本一本の指が独立して動くことです。鍵盤を押したり離したりするのに、手のひらに近い指の関節を曲げたり戻したりするのが基本的な動きです。一本一本を別々に、連続的に動かすというのは日常にはあまりない動きなので、指をスムーズに動かすためには練習が必要になります。手首や手の甲はなるべく動かないようにします。

指番号は**親指を１**とし、順に進んで**小指が５**となります。例えば４→５→４→３と動かしてみると、利き手ではできますが、反対の手では難しいと思います。

また、指使いといって、楽譜の音をどの指で弾くかということにも、気をつけなければいけません。毎回違う指で弾いていると、どんなに時間をかけても上達しません。**指使いを決めて練習しましょう。**

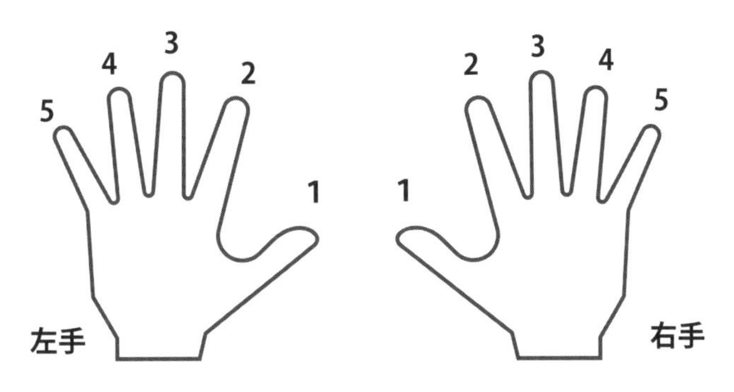

◎指の動きを練習しよう

指番号通りに、右手と左手を片方ずつ動かす練習をしましょう。なめらかに動かせるようになるまで何度も練習しましょう。

①4543　②3532　③1353242　④2244315　⑤4125

なめらかに動くようになったら、両手を同時に動かしてみましょう。

右手	**123454321**	**123454321**	**123**	**123**	**54321**
左手	**123454321**	**543212345**	**5→1**	**5→1**	**11115**

↑　↑
５を押したまま。左右で違うリズムです

では実際にピアノを弾いてみましょう。

まずは右手で	ド	レ	ミ	ファ	ソ	ファ	ミ	レ	ド
指番号は	1	2	3	4	5	4	3	2	1

① f（フォルテ）と p（ピアノ）

指をしっかり動かして元気に弾いたり、そっと動かしてこっそり歩くように弾いたりしてみましょう。強い音（f）や弱い音（p）になりましたか？ f や p の感覚です。

②スタッカートとレガート

次は鍵盤の上で指がジャンプしているように、一音一音ポンッポンッとタッチしてみましょう。それがスタッカートの感じです。レガートは、一音一音なめらかにつなげて弾くことです。

フォルテとピアノ、スタッカートとレガートは左手でも同様に弾いてみましょう。

左手で	ド	レ	ミ	ファ	ソ	ファ	ミ	レ	ド
指番号は	5	4	3	2	1	2	3	4	5

となります。

フォルテとピアノ、スタッカートとレガートは両手でも練習しましょう。

●ピアノの基礎練習

・ピアノに向かったら、姿勢や椅子の高さなどを調節し、指をほぐしましょう。
・どの指も独立して動くように繰り返し練習します。
・慣れてきたら変化をつけます。強弱を変えて表現の幅を広げましょう。タッチコントロールの練習にもなります。

つめの手入れも忘れずに。
長すぎると鍵盤にあたってカチカチ音がしたり、ひっかかってケガをしたりすることもあるよ。

次に楽譜を見て弾いてみましょう。ドレミ～と歌いながら弾くと、弾き歌いの練習になり、上達が早くなります。

●強弱をつけるとバランスの練習になります。

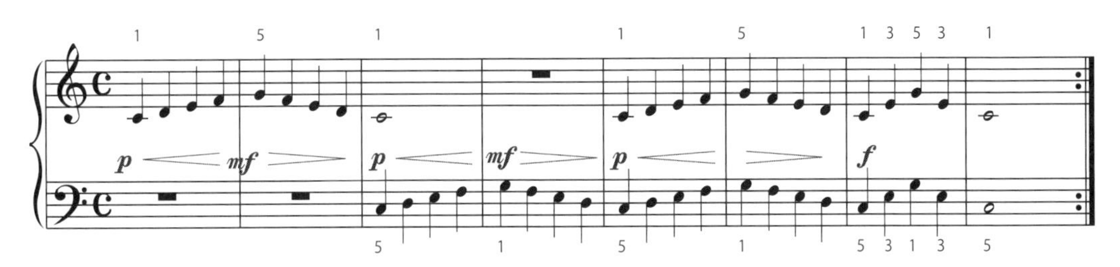

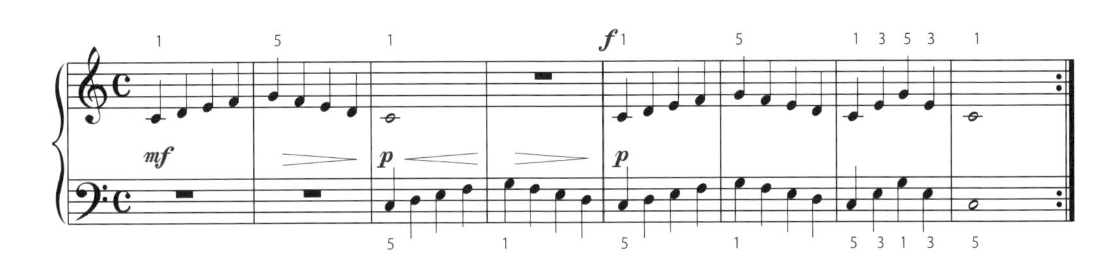

●スタッカート（音を切って）とレガート（なめらかに）で弾きましょう。

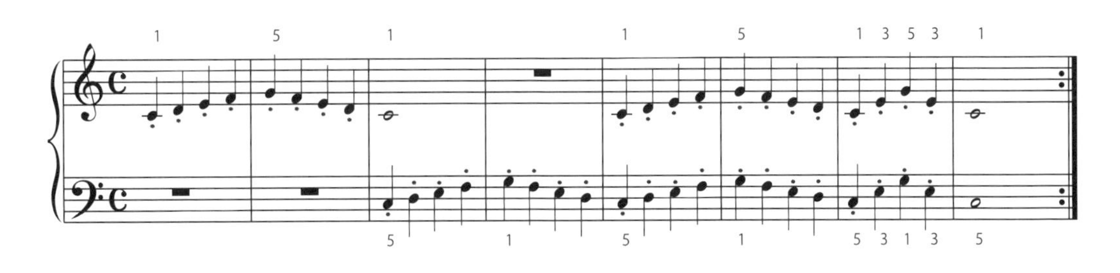

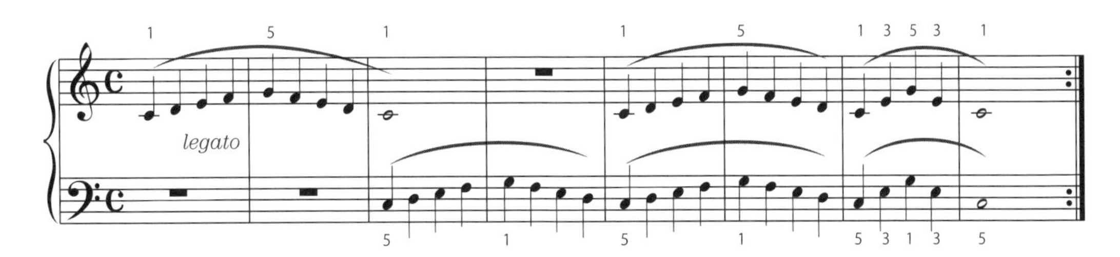

● ♪♪ ♪♪（タッタ　タッタ）のスキップリズムで弾きましょう（右手のみ）。課題曲でよく使われるリズムです。

次に、左手で伴奏の練習をしてみましょう。5（小指）は立てて。
和音部分は手首が下がらないように注意！

●左手だけで練習しましょう。

リズムの違う伴奏です。

●伴奏リズムを練習しましょう。

押さえていない2と4の指を軽く上げると
3つの音が押さえやすくなります

今度は3と4の指を軽く上げます
手の形を変えないように気をつけましょう

●和音を練習しましょう。

伴奏のポイント

1 伴奏は歌に添えるようなイメージで。

2 歌　>　ピアノのバランスで。
歌う声量よりピアノの音量が大きくならないように注意！

3 弾きにくいときは移調しましょう。
調号（♯など）のつかないハ長調に移調することができます。

4 市販の楽譜を使う場合は自分のレベルに合ったものを選びましょう。

？前奏ってどうしたらいいのかな？

前奏は、つけてもつけなくても自由です。前奏の役割は「サンハイ」などの言葉ではなく、音楽の合図で歌を歌いやすくすることです。

メロディの最後の２小節を前奏にすると自然な歌い出しになります。

前奏でミスしてしまっても、減点対象にはならないと考えられます。慌てず、歌の部分に持ちこさず、しっかり立て直して歌いましょう。そのまま続けるのが難しければ、「弾き直させてください」と採点委員に一声かけ、深呼吸してもう一度弾き直してもよいでしょう。

ワンポイント　便利なアプリケーション（アプリ）も活用しよう

スマートフォンやタブレットなどには便利なアプリがいろいろあります。普段の練習にはボイスレコーダーアプリ、テンポの確認にはメトロノームアプリ、音程の確認には鍵盤アプリなどです。無料のものもあるので、用途に応じてこれらを活用するのもよいでしょう。ただし、試験会場では音は出せませんのでイヤホンも忘れずに。

メロディを弾く練習

メロディをなめらかに弾くために、指使いには①指かえ②指こえ③指くぐり④指広げ⑤指ちぢめ、などがあります。

●指かえ

ドレミファミレド　ミファソラソファミ……　この曲には、6つの音が出てきます。しかし、指は5本しかありません。こんなときは**指使いをかえて**弾きます。3の指で弾いていたミの音を2の指で弾きます。

♪かえるのうた

できましたか？

●指こえ・指くぐり・指広げ

この曲は、1オクターブ高いドの音まであるので、いろいろな指使いで弾きます。また、2や3の指が1の指をこえて弾く「**指こえ**」や1の指が2の指をくぐる「**指くぐり**」が出てきます。

♪森のくまさん

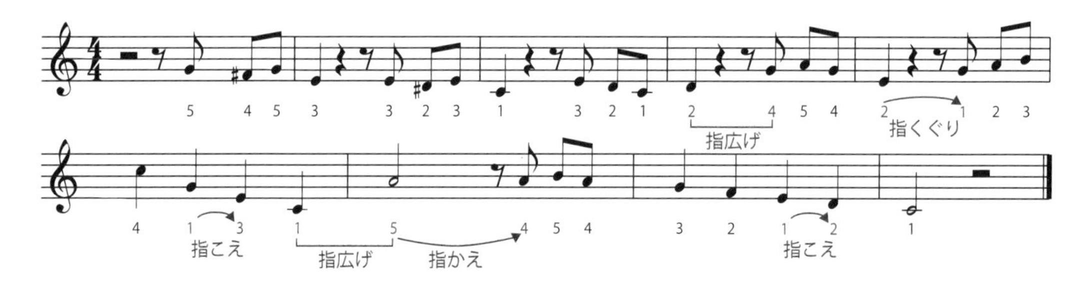

♯（黒鍵）は白鍵より細く、奥にあるのでしっかりタッチしましょう。

伴奏コード（和音）って？

「音楽」の課題の楽譜には、メロディとコードネームは書かれていますが伴奏部分については書かれていません。どんな伴奏をつけたらよいのでしょう。

まずは基本となる３つのコード（和音）を覚えましょう。メロディも和音も音階の中の音を使って作られています。

(1) 和音をみてみよう

「きらきら星」はハ長調の音階の音で作られています。

♪きらきら星

●ハ長調の音階

●ハ長調の音階の上に作られた和音は下記の通りです（p.34「長調の主要三和音」参照）。

音階上には７つの和音がありますが、伴奏には主に、メロディの音を含むメジャーコード（長３和音）を選択します。

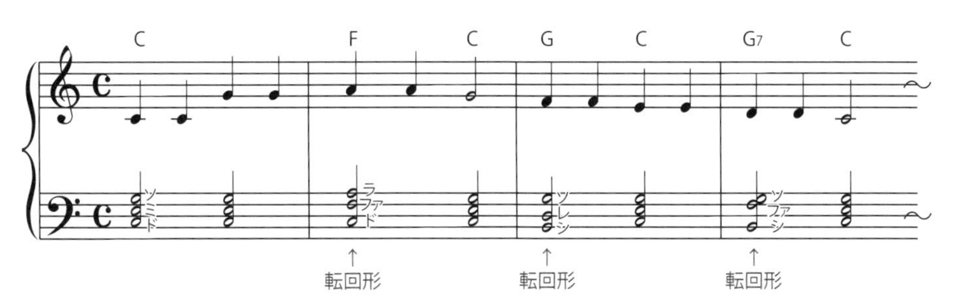

(2) 主要三和音

「きらきら星」で伴奏として使われたC、F、G、G_7は、ハ長調の音階の**第1音**(C)、**第4音**(F)、**第5音**(G)の上に作られた和音です。音階上に作られる7つの和音のうち、この3つは明るい響きの長三和音(メジャーコード)です。3つのコードで音階の音がすべてそろうので長調のメロディはこの3つのコードだけで伴奏ができます。

音階の1番目、4番目、5番目に位置する長三和音(メジャーコード)を**主要三和音**といいます。すべての長調で必ず同じ位置です。このことを覚えておくと何調でも伴奏コードがつけられます。また、移調したときのコードの変更にも役立ちます。和音の位置を示す番号にはローマ数字を使います(Ⅰ、Ⅳ、Ⅴ、V_7)。

●メジャーコードの特徴

Ⅰの和音

音階の1番目の和音は**主和音**(トニック)と呼ばれ、その調を決定する役割を持っている重要な和音です。課題曲の**最初**と**最後**に出てくる安定感をもたらす和音です。

Ⅴの和音

次に重要なのは5番目の音の上に作られた和音で**属和音**(ドミナント)と呼ばれます。緊張感のある響きで、次に進む和音を決定する力を持っています。G_7のように属7(ぞくしち)と呼ばれるセブンスの和音(ドミナントセブンス)は、主和音Ⅰに進行します。V_7→Ⅰは重要な進行パターンです。

Ⅳの和音

第4音の上に作られた和音は**下属和音**(サブドミナント)と呼ばれます。明るく、開放的な響きで、**主和音の前後**、**属和音の前**に使われます。Ⅰ→Ⅳ→ⅠやⅠ→Ⅳ→Ⅴ→Ⅰは多用されるパターンです。

伴奏コード（和音）はこうつける！

伴奏のつけ方を童謡「うさぎとかめ」で見てみましょう。

この曲は♯が２つついたニ長調です。主要三和音である、D（Ⅰ）、A_7（V_7）、G（Ⅳ）でみていきましょう。

指の移動が少ない位置で和音が押さえられるように、和音は基本形の他に転回形（レファラ→ファラレなど）も使われます。

●和音を弾くポイント

・同じ音は同じ指で弾くと流れがスムーズになり覚えやすい。

・弾かない指は軽く上げておくと和音が押さえやすい。

左手の伴奏和音はこうなります。

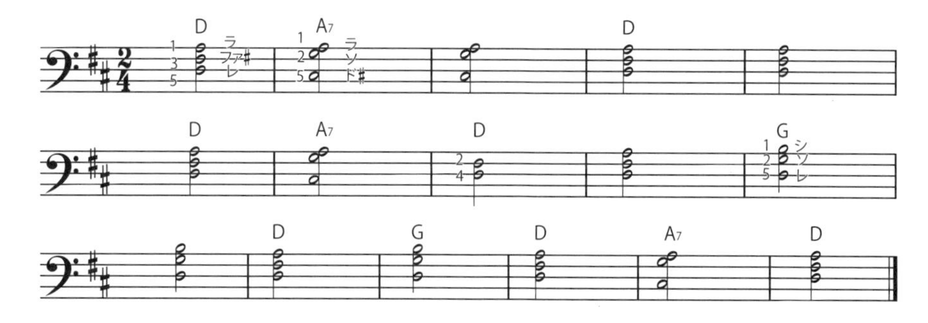

長調の主要三和音

長調の主要三和音の一覧です。ハ長調、ニ長調、ヘ長調、ト長調は課題曲によく使われます。

◎マイナーコード（○ m）の役割

音階の２、３、６番目の和音はマイナーコード（短３和音）です。暗い感じに響く和音です。７番目はディミニッシュコード（減３和音）で、不安な感じに響く和音です。明るいメジャーコード伴奏の中で、マイナーコード等を用いると音楽の雰囲気を変化させることができます。

Ⅳとⅱ、Ⅰとⅵは構成音が１つ違うだけなので似た役割を持ちます。ⅱとⅵのマイナーコードは課題曲でも使うことがあります（ここではメジャーコード以外は小文字のローマ数字で記しています）。

伴奏のウラ技！

試験までもう時間がない！　伴奏を全部マスターするのは難しい！　途中でミスしてしまった！　そんなときに覚えておくと役に立つウラ技を紹介します。

◎メロディを弾くのは難しい！　両手でコード伴奏

どうしても左右別のものを弾くのが難しい場合は、両手で**3**つの音を押さえるコード伴奏という手があります。左手はコードの一番下の音、右手はコードの上**2**つの音を押さえます。メロディがなく伴奏だけになってしまうので、しっかり歌いましょう。

●「うさぎとかめ」両手コード伴奏

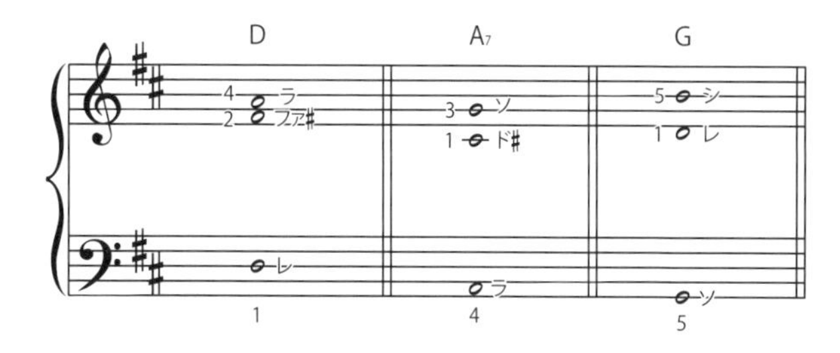

◎もっと簡単に！　指１本伴奏

メロディは弾けるけれど、左手で和音を３つ全部押さえるのは無理！　という場合、右手はメロディ、左手はコードの一番下の音だけを押さえましょう。

●「うさぎとかめ」指１本伴奏

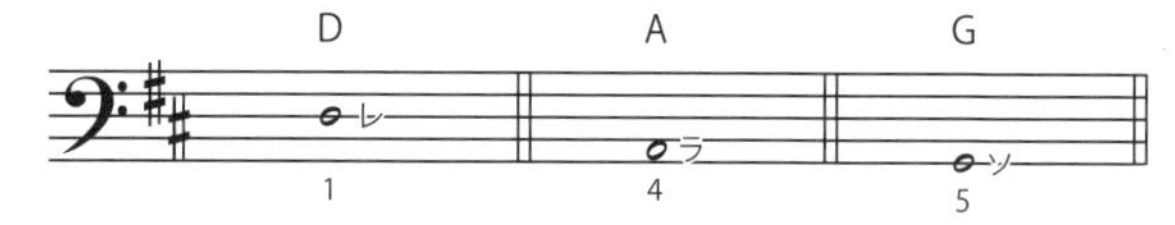

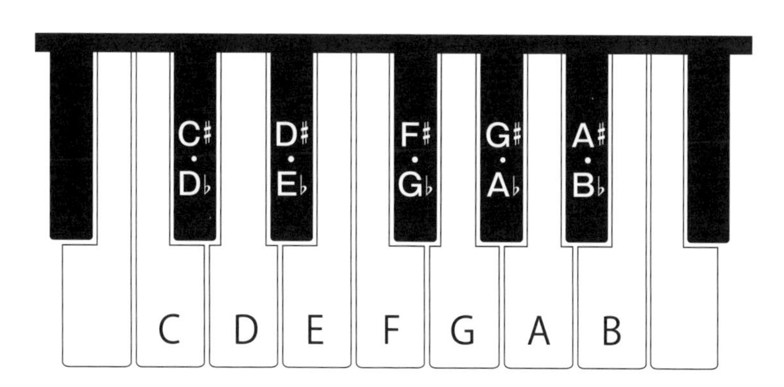

ハ長調へ移調しよう

歌いにくい場合は、ハ長調へ移調しましょう。移調とは、ある調で書かれている曲を別の調に移し替えることです。楽譜のすべての音を同じ数だけ上や下へずらします。

◎移調してみよう

ト長調の「ジングルベル」をハ長調に移調してみます。ト長調をハ長調に移すには、すべての音を下へ4つ（完全5度）移動します。

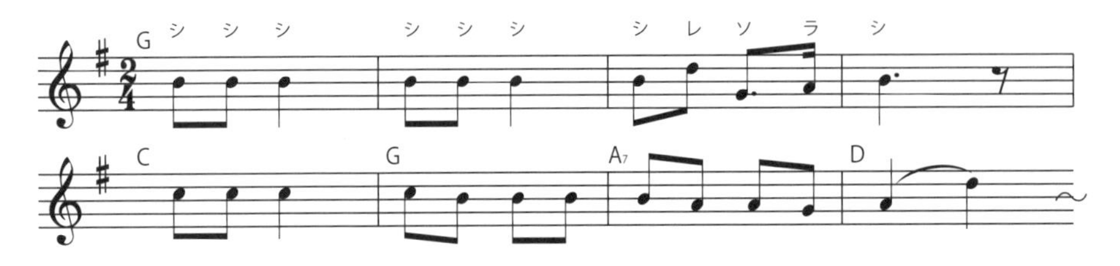

↓ ト長調からハ長調へ移調すると…

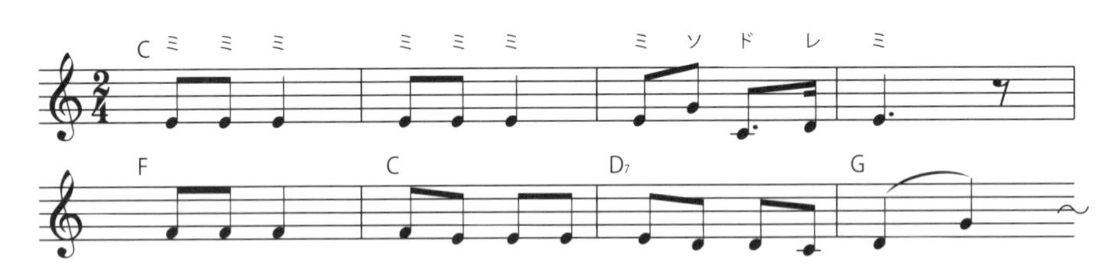

コードも同様に、ハ長調に移調します（p.34に長調の主要三和音の一覧がありますので確認しましょう）。

「音楽」は、「歌がしっかり歌えるか」を問われる試験です。子どもたちが音楽と親しめ、一緒に歌いたくなるような歌と伴奏ができればよいのです。ピアノの技術が主ではありませんので、自分のレベルに合った伴奏で十分です。ただし、ピアノに負けないように、歌はしっかりと歌いましょう。

ワンポイント

諦めないで！

メロディも伴奏もしっかり弾ければ、それが一番です。でも、もし途中でミスしてしまっても、右手だけでもメロディを続ける、伴奏だけ、指1本伴奏など、そのとき自分にできることをしましょう。**途中で諦めてやめてしまわないことが大事**です。笑顔で歌い続けましょう！

試験室ってどんな感じ？

試験室に入ったら、まず2名の採点委員に受験番号シールを渡します

大きな口を開けて、笑顔で歌いましょう！

楽譜は厚紙に貼っておくと、空調の風が当たっても紙が動きません

椅子の高さの調節も忘れずに

荷物は指示された荷物置き場に置きます

感染症対策のためのマスクの着用は、試験実施団体からのお知らせを事前に確認し、当日は監督員の指示に従ってください。

課題のコード伴奏はコレ!

（1）夕焼け小焼け

使う鍵盤はコレ！

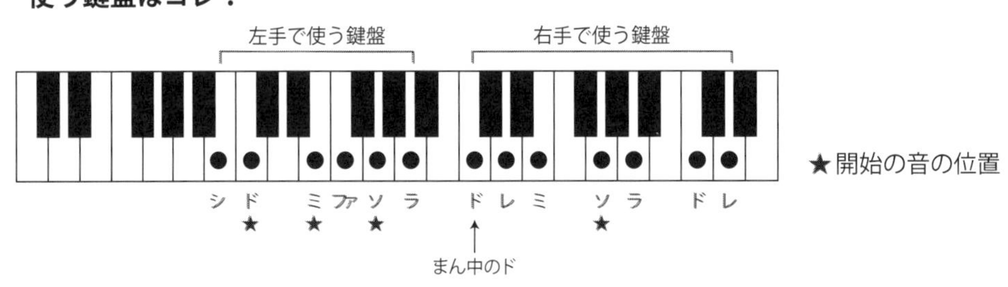

①基本の伴奏 〈音の数や指の動きの少ないコード伴奏にアレンジしています〉

課題の2曲の基本の伴奏です。楽譜の指番号を参考に、指使いに気をつけながら、なめらかに弾けるように練習しましょう。

※課題曲は「令和6年保育士試験受験申請の手引き［前期用］」に基づいています。

(2) いるかはザンブラコ

♩= 138くらい

使う鍵盤はコレ！

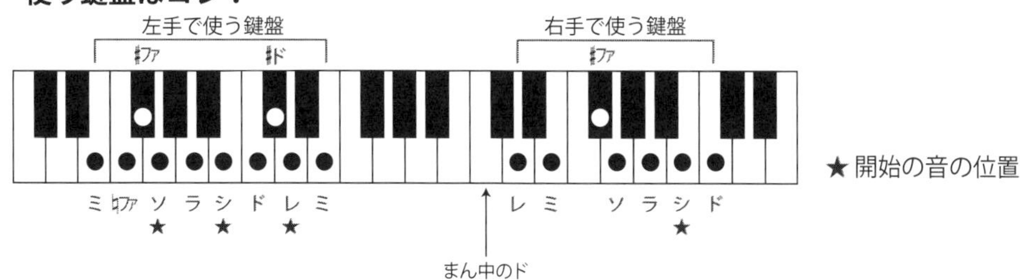

課題のコード伴奏はコレ!

(1) 夕焼け小焼け

使う鍵盤はコレ！

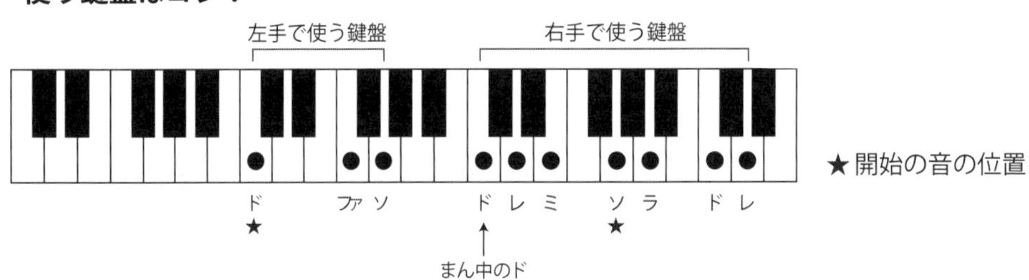

②指 1 本伴奏　〈音の数や指の動きの少ないコード伴奏にアレンジしています〉

左手で同時に複数の音を押さえるのが難しいという方のために、左手の音を少なくした楽譜です。

※課題曲は「令和 6 年保育士試験受験申請の手引き［前期用］」に基づいています。

(2) いるかはザンブラコ

♩= 138 くらい

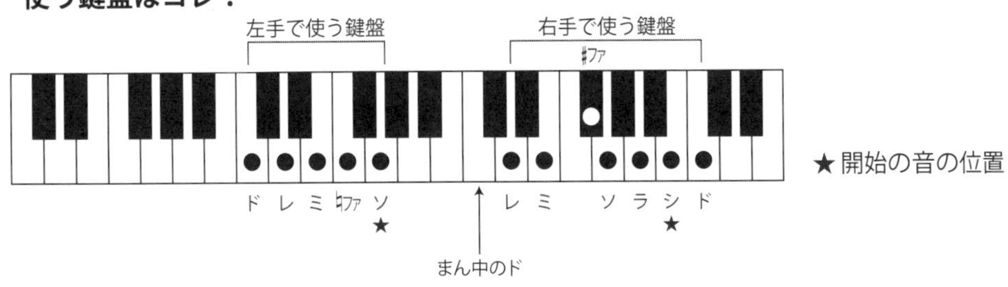

課題のコード伴奏はコレ!

（1）夕焼け小焼け（変ロ長調）

○印：次の音が♭シなので黒鍵近くの位置で打鍵しましょう。

使う鍵盤はコレ！

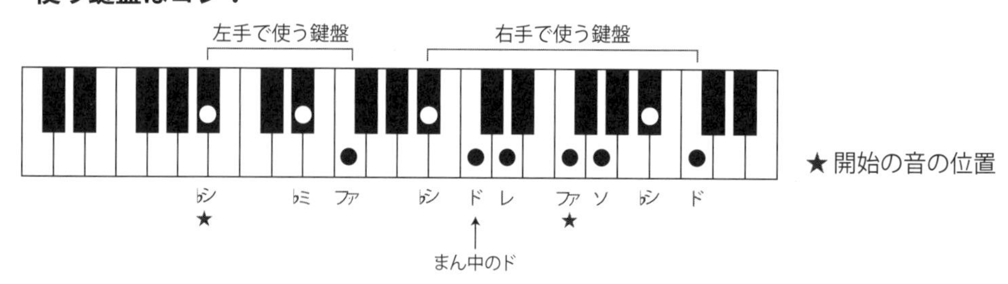

③移調した伴奏

音の高さが合わなくて歌いにくい、という方のために移調した楽譜です。

※課題曲は「令和６年保育士試験受験申請の手引き［前期用］」に基づいています。

(2) いるかはザンブラコ（ハ長調）

使う鍵盤はコレ！

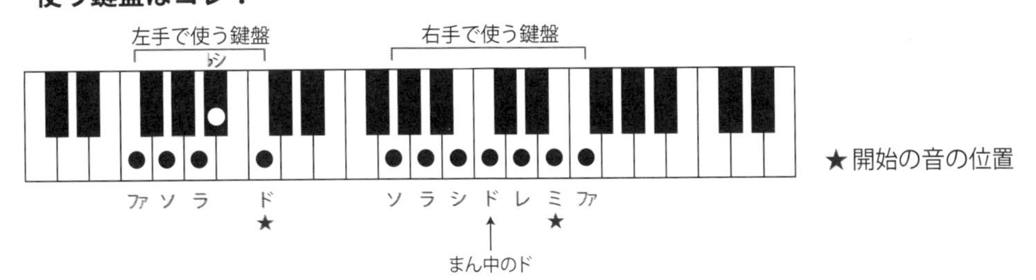

■ピアノとギターのコード一覧

ピアノとギターの主なコード表です。
伴奏の参考にしてください。

◎メジャーコード

メジャーコードは明るい響きの和音です。

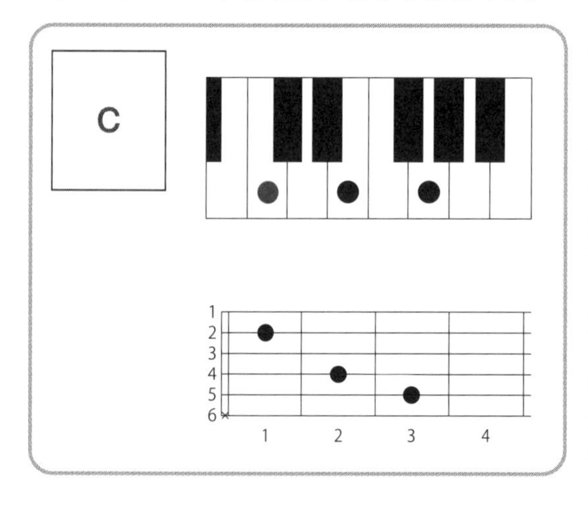

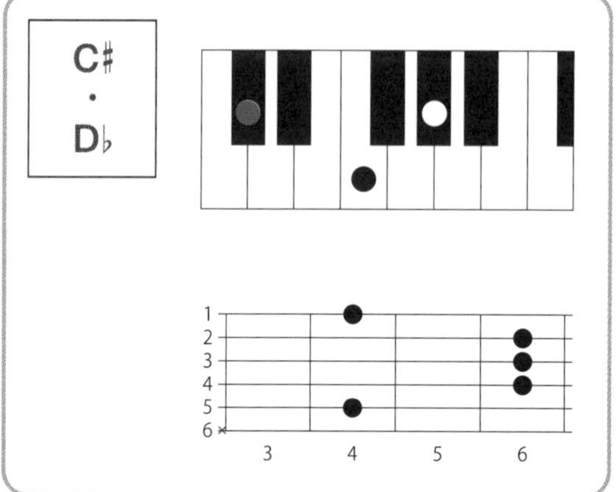

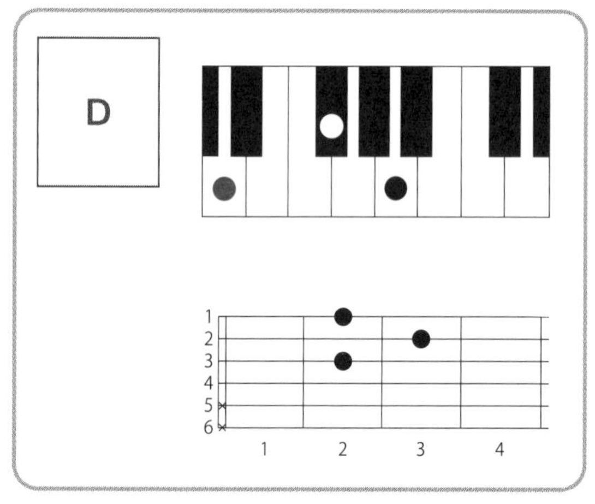

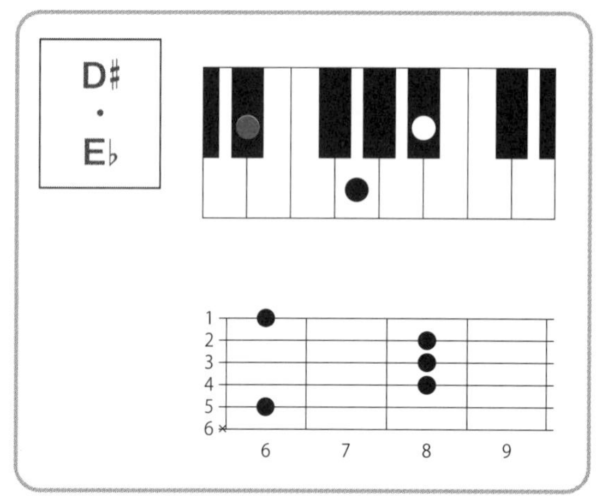

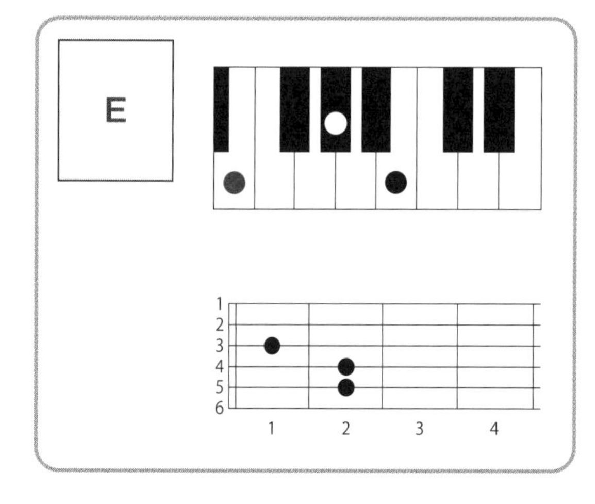

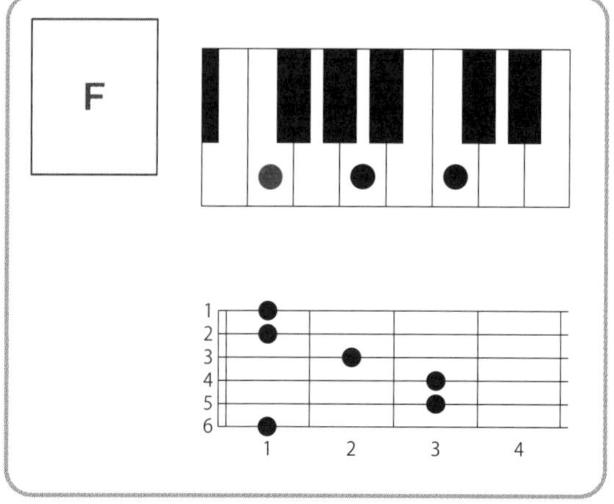

●印は指1本伴奏のときに押さえる鍵盤です。

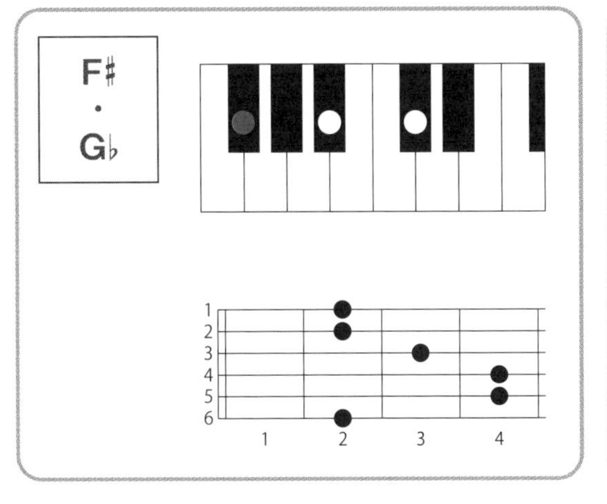

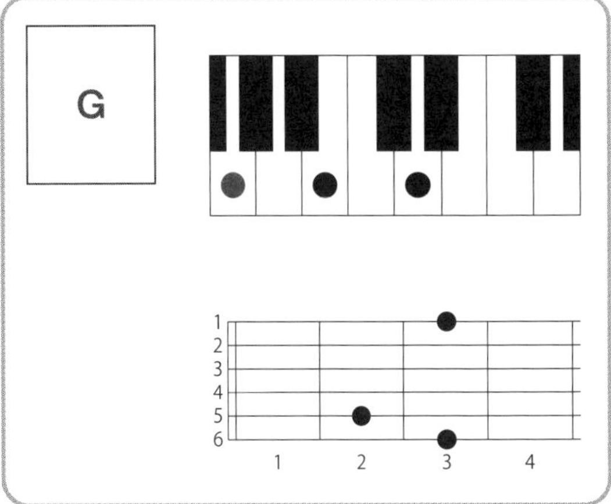

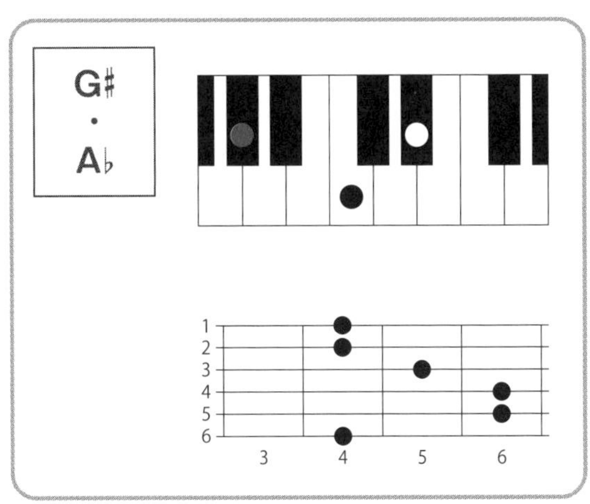

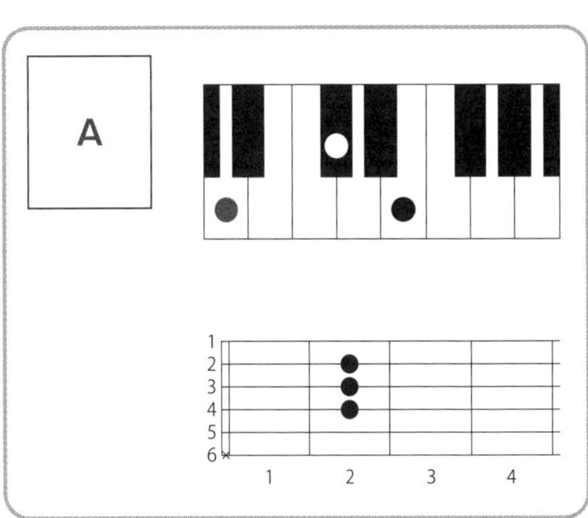

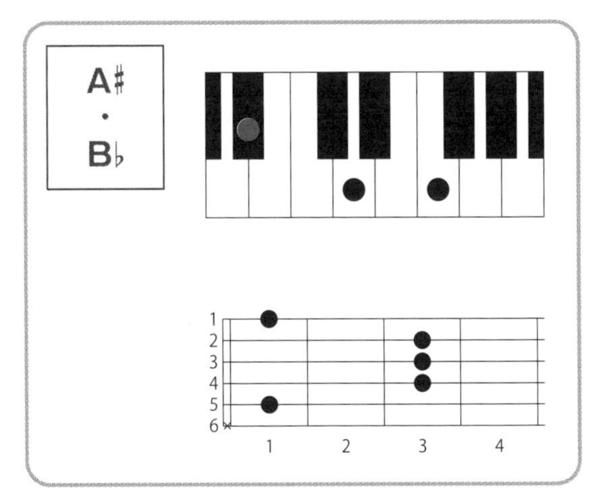

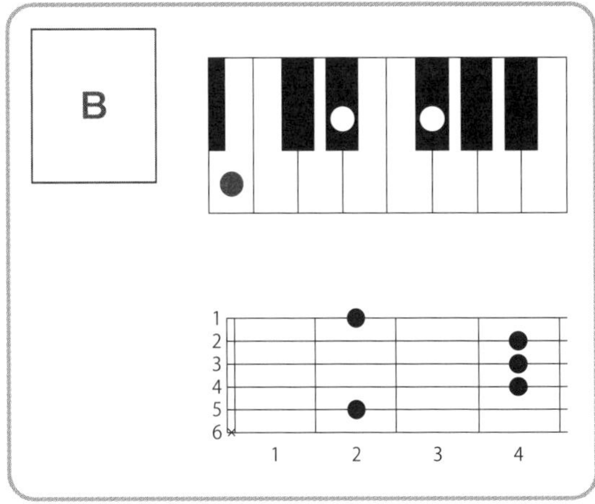

◎マイナーコード

マイナーコードは暗い響きの和音です。音楽の雰囲気を変化させることができます。

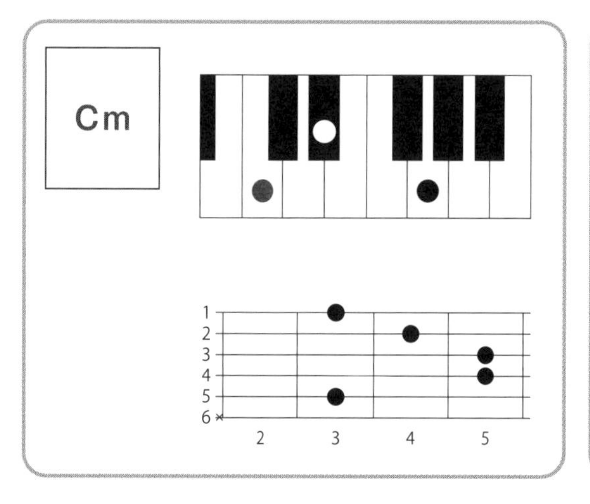

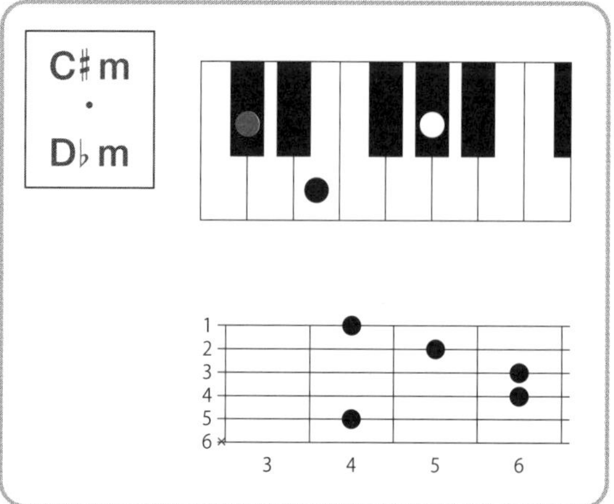

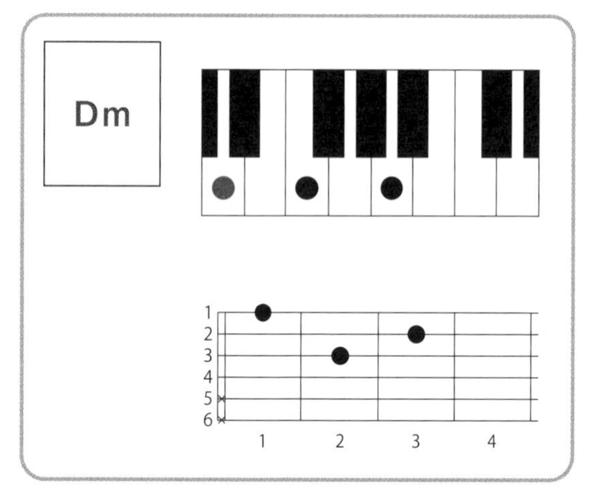

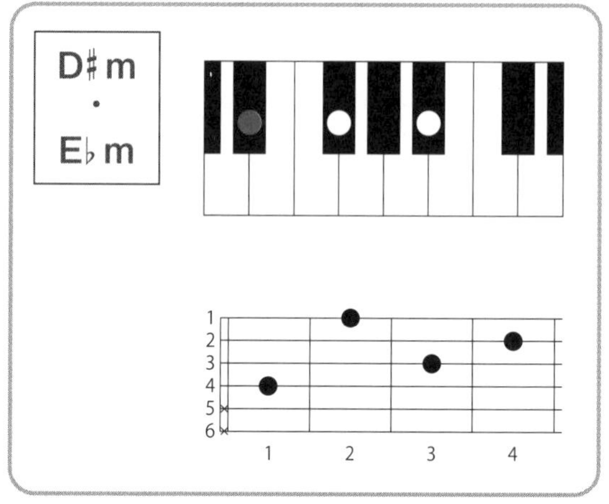

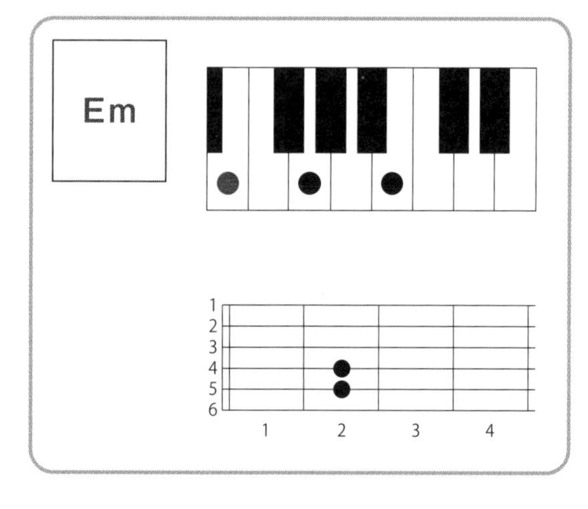

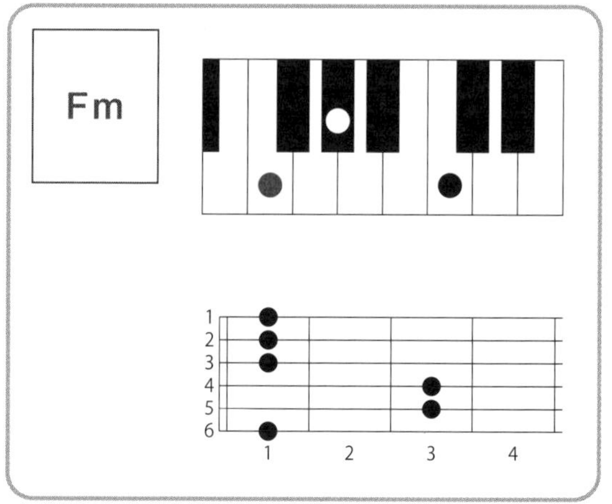

●印は指１本伴奏のときに押さえる鍵盤です。

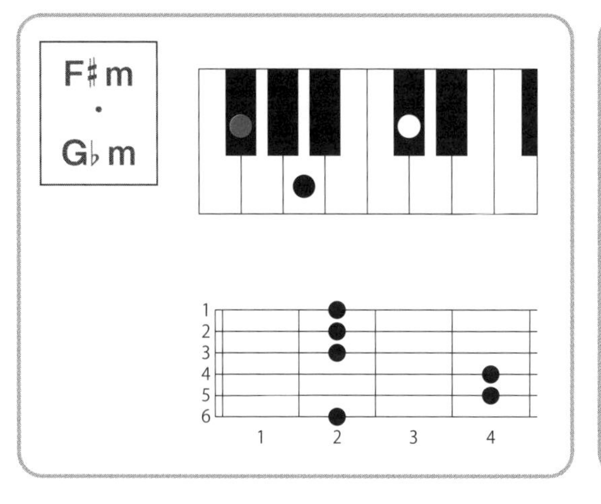

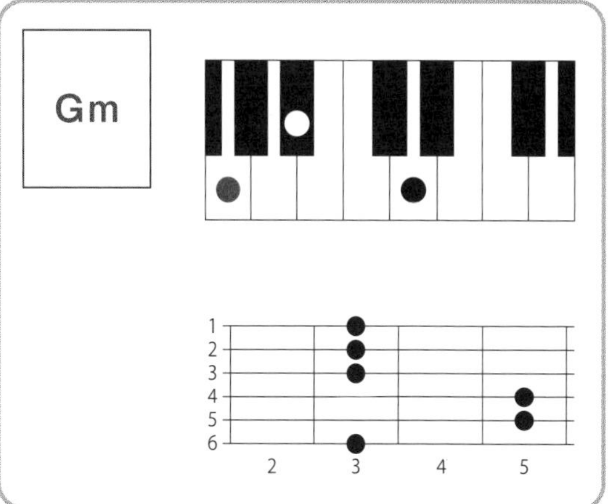

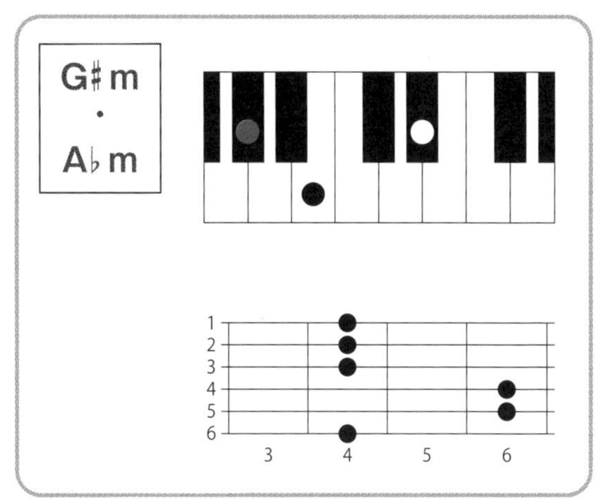

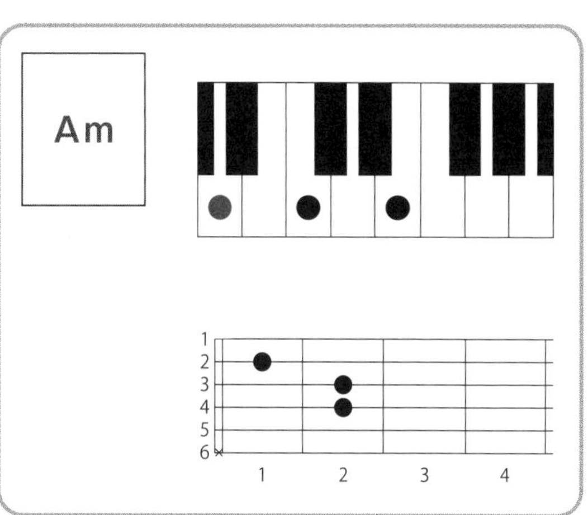

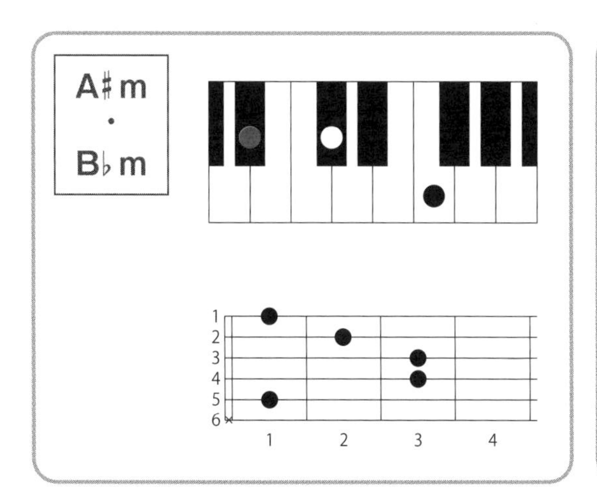

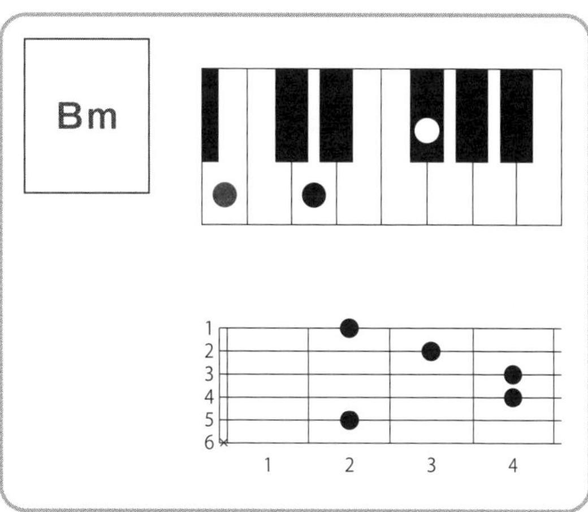

◎セブンス（属７）コード

セブンスコードは第５音（　）は省略して３つの音で押さえます。セブンスコードの次は主和音へ進みます。例：C_7→F、D_7→G、G_7→C。

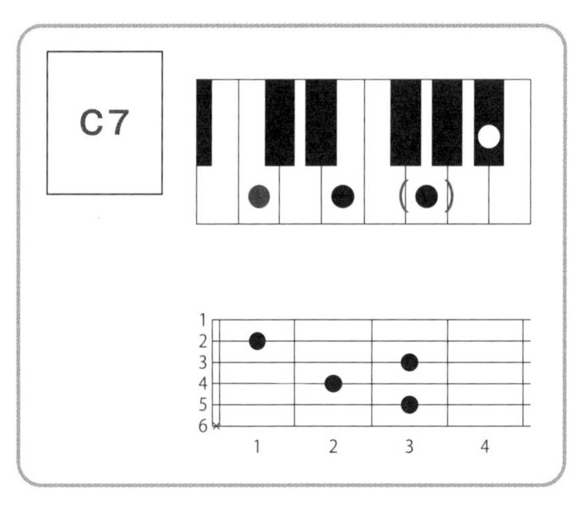

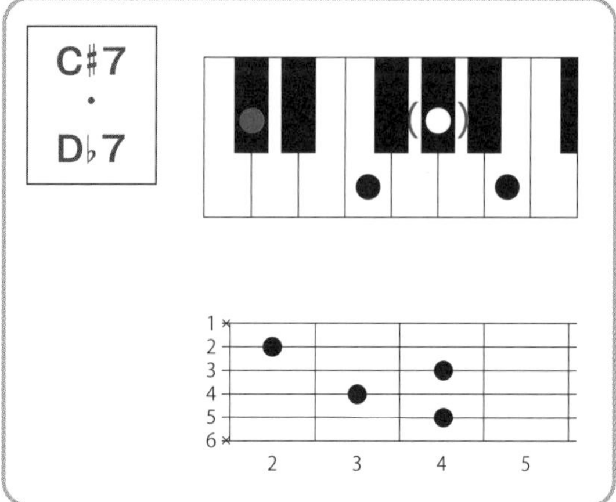

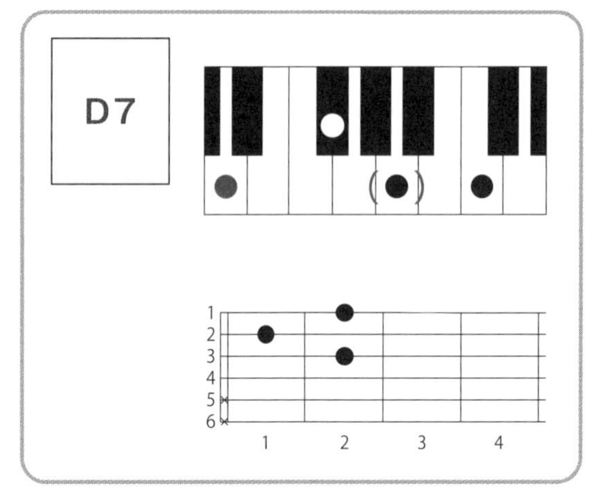

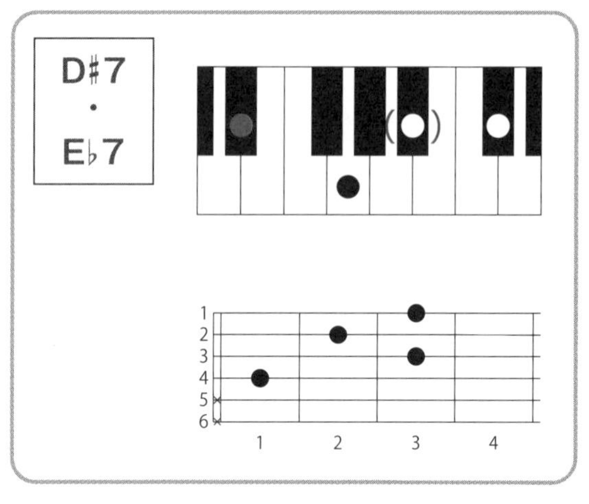

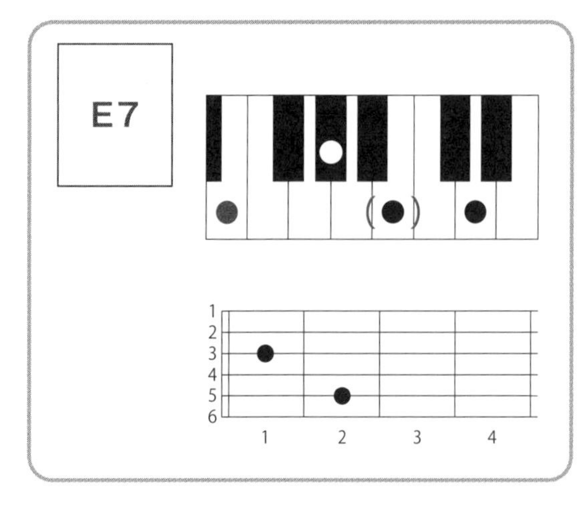

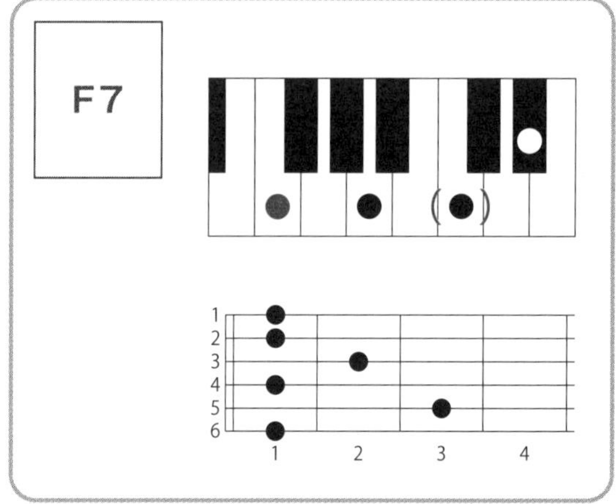

●印は指1本伴奏のときに押さえる鍵盤です。

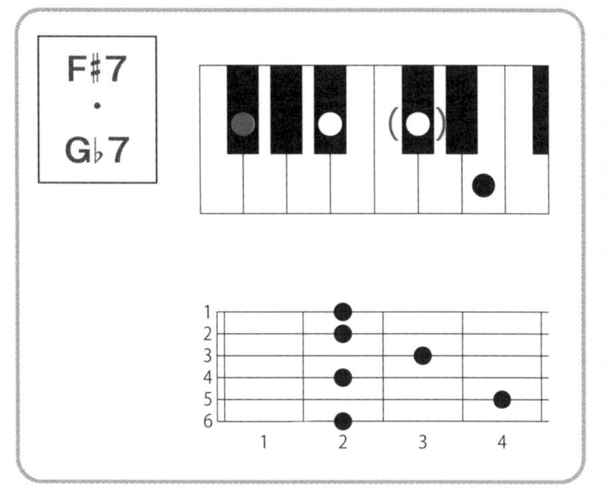

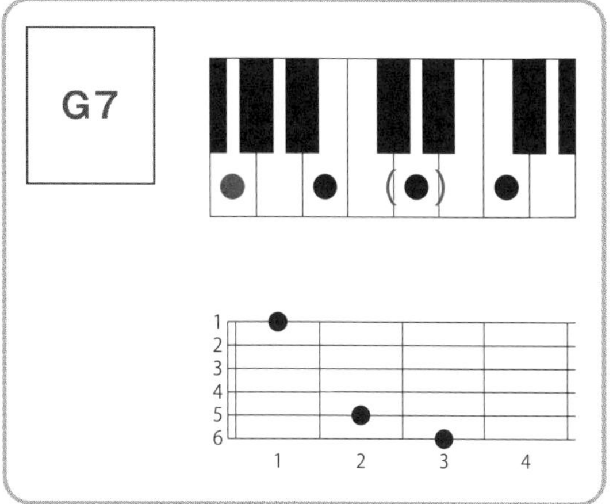

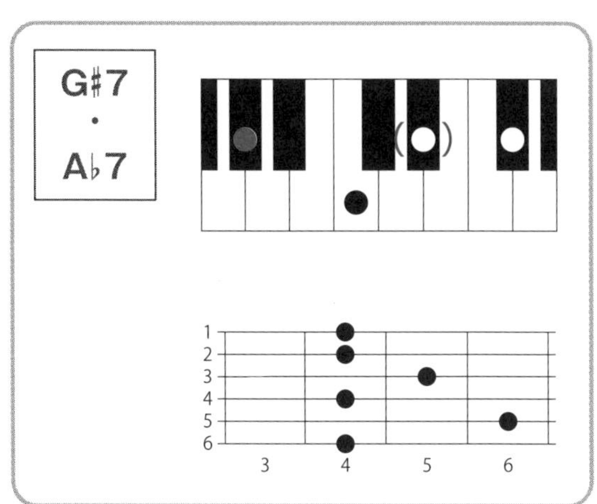

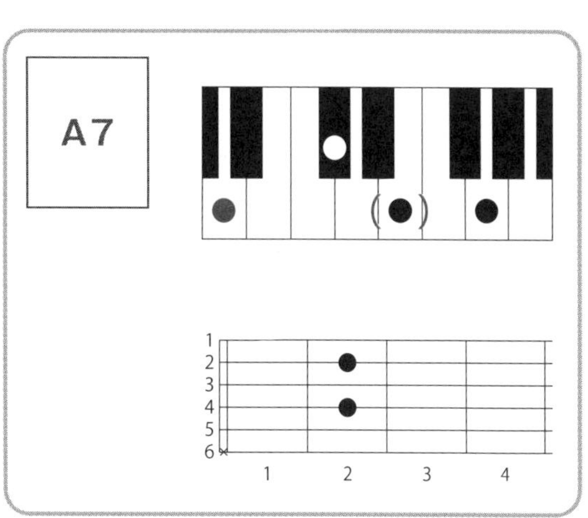

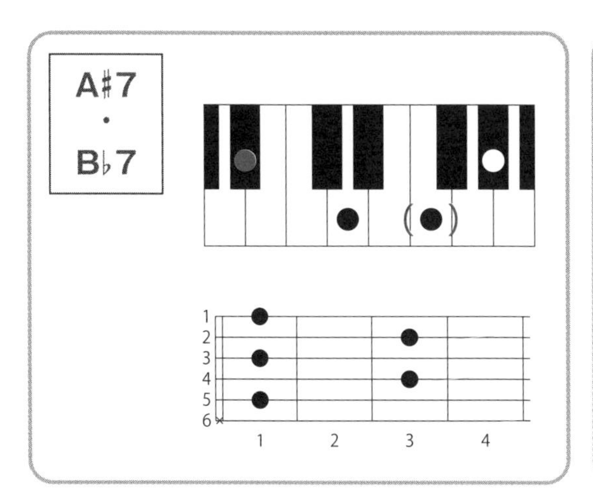

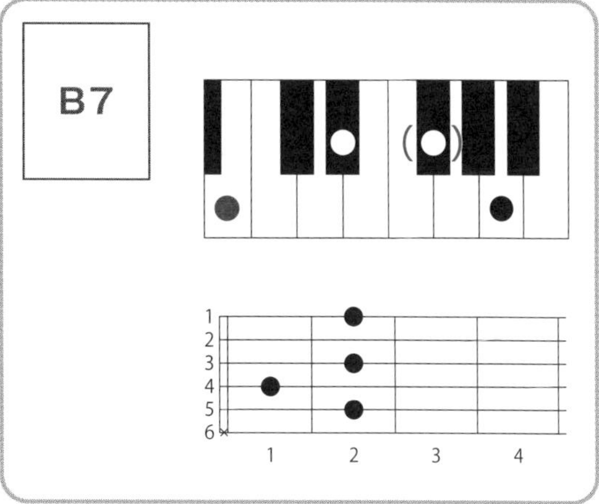

◎その他のコード

その他、課題曲等で使われる主なコードです。

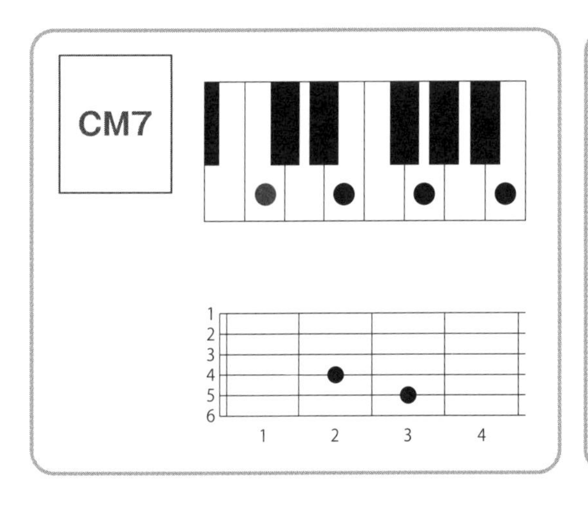

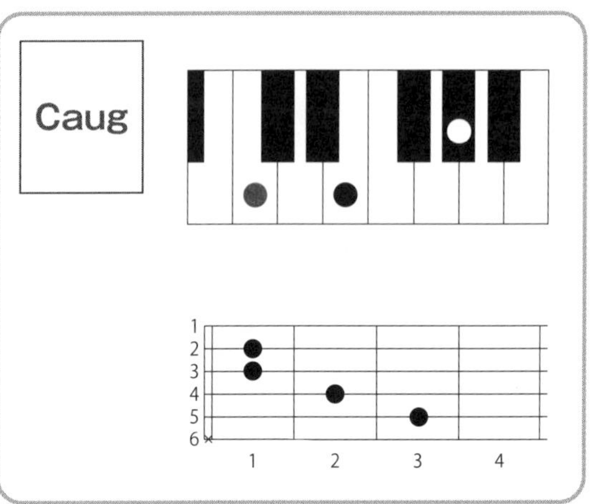

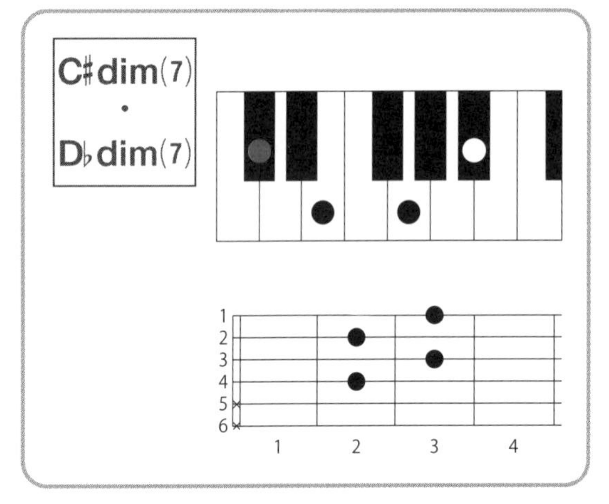

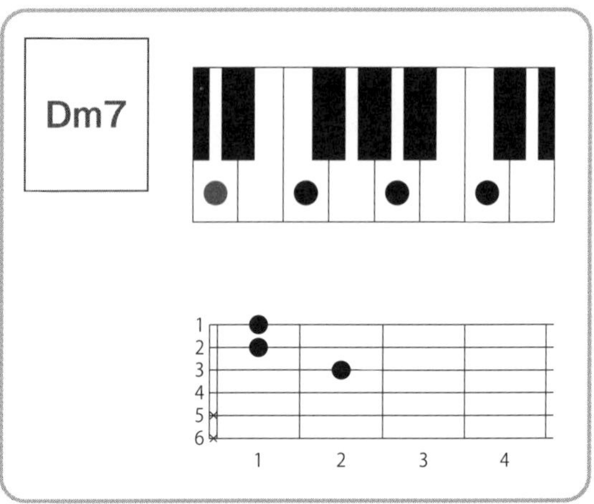

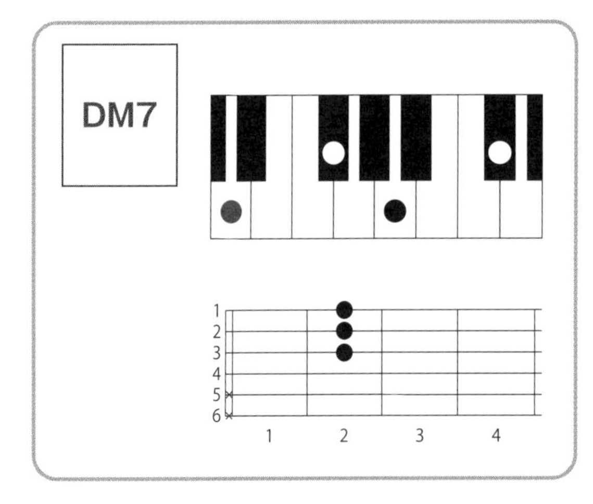

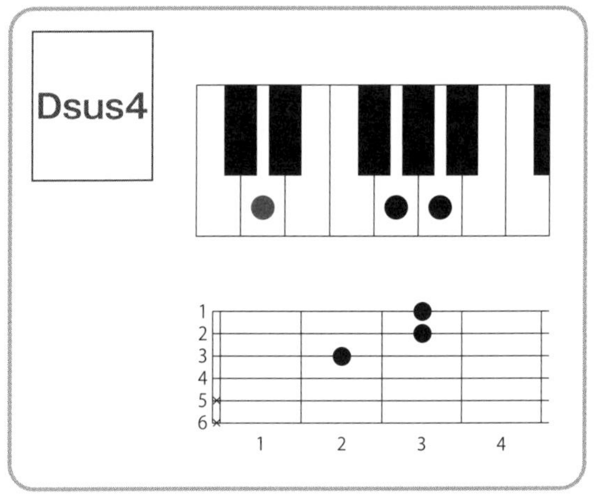

●印は指１本伴奏のときに押さえる鍵盤です。

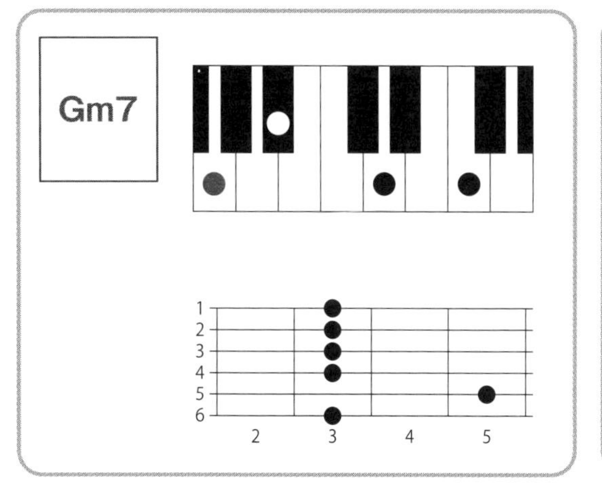

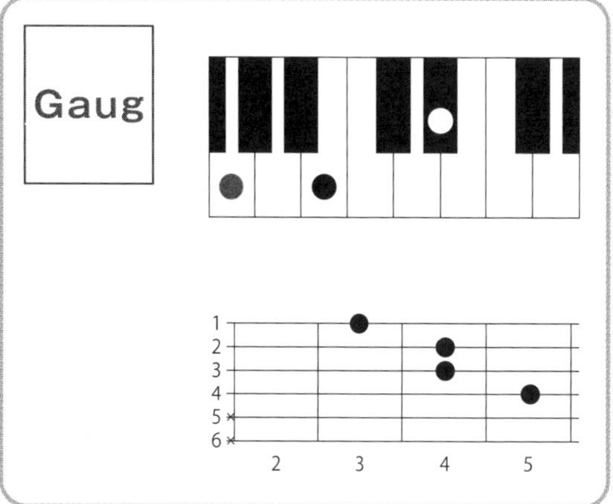

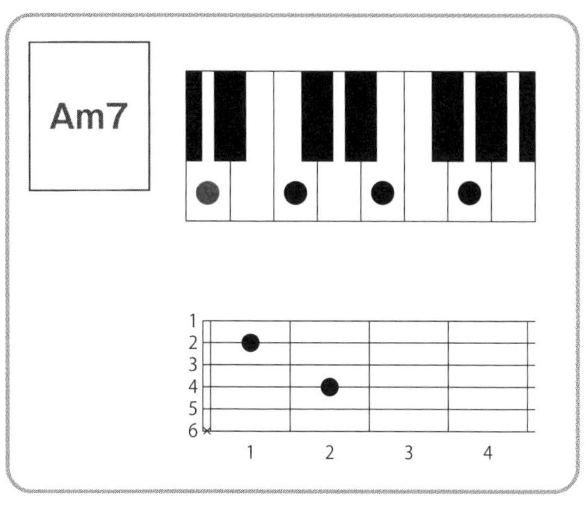

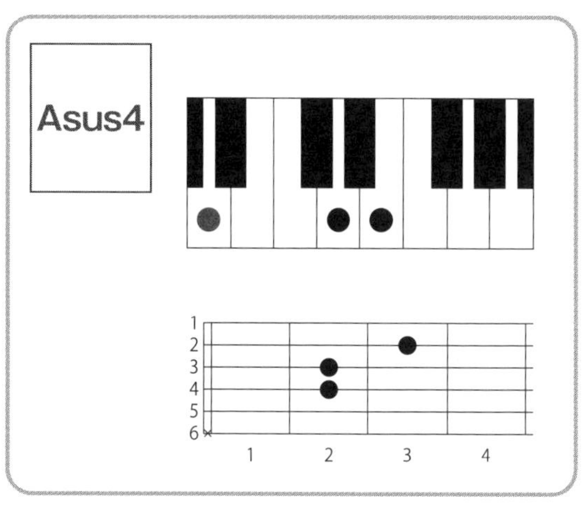

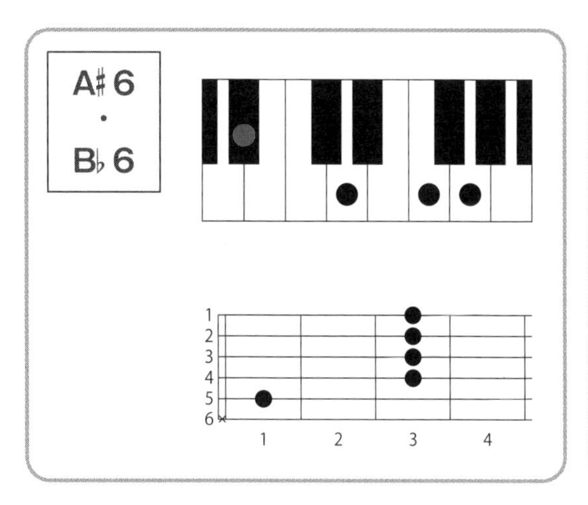

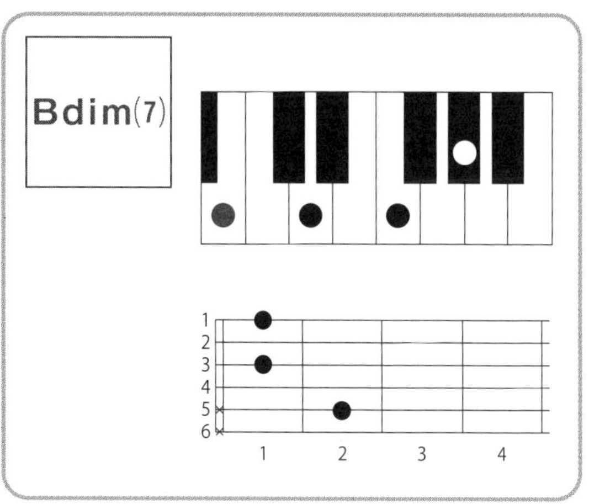

弾き歌いの基本的な練習手順

弾き歌いの練習の手順を確認します。弾き歌いは楽器を弾くことだけではなく、歌を歌うことも重要なポイントです。以下の手順を参考にして、バランスよく練習してください。

1 まずは、歌をしっかりと理解し、覚える

学校では先生が全体を歌って見本を示し、その後少しずつ先生の歌うメロディを真似て覚えていきます。独学では同じようにはできませんが、今はインターネット上で音源を探し、聴くこともできます。いろいろな方法で歌を知り、理解して、メロディと歌詞を覚えましょう。

2 ピアノでメロディ（右手）を弾けるようにする

正しい音程で歌うためにも、メロディはきちんと弾けるようにしておきます。

楽譜に書かれた指使いを参考にして、どの指で弾くのかを決めて練習することがポイントです。

3 伴奏（左手）を弾けるようにする

メロディと違い、伴奏部分は音楽がイメージしにくいですが、正しい鍵盤の位置と音符の音の長さに注意して練習します。

左手も右手と同様にきちんと指使いを決めて練習します。

4 演奏と歌の練習をする

両手の演奏と歌を合わせます。時間のかかる練習です。

はじめのうちは、左手だけで弾きながらメロディを歌って両手のイメージをつかむ、などの練習方法もよいでしょう。

造　形

造形

「造形」では、保育士として必要な造形表現力を求められます。出題の意図を読み取り、決められた時間内に、条件を満たして情景や人物などを描写し、適切な色使いなどができることが必要です。ポイントを押さえた練習で合格をめざしましょう。

どうすれば合格できるの？

他の実技科目と同様、採点基準などは発表されていません。ただし、特別に絵がうまい必要はなく、保育士として子どもたちに意図を伝えられるだけの技術があり、条件をすべて満たしていれば、最低合格点はとれると考えられます。

つまり、指定の人数以上の人物や、必ず描かなければならないものをもらさず描き込み、背景も含めて色塗りまですべて終わっていれば合格点はとれると考えてよいでしょう。

◎課題の条件を把握しよう

〈例〉

【事例】 ←保育の情景

H保育所の5歳児クラスの子どもたちが、ホールで折り紙の紙ひこうきを作っています。
（5歳児 ←年齢／ホール ←場所／折り紙の紙ひこうきを作っています ←動作）
保育士に教えてもらいながら、みんなで思い思いの紙ひこうきを作って飛ばし、楽しく遊んでいます。

【条件】 ←複数の条件

1　紙ひこうきを折っているところと飛ばしているところがわかるように描くこと。
（折っているところ・飛ばしているところ ←動作）

2　保育所のホールの様子がわかるように描くこと。
（保育所のホールの様子 ←背景）

3　子ども3名以上、保育士1名以上を描くこと。
（3・1 ←人数の指定）

4　枠内全体を色鉛筆で着彩すること。
（色鉛筆で着彩 ←色の塗り方）

問題は独自取材を再現したものです。

「造形」試験の流れ

1 入室

・ガイダンスのあとすぐに試験です。あまり時間がありませんので遅れずに入室を。

2 試験の説明と持ち物のチェック

・鉛筆削りやタオルなどの使用を希望する受験者は試験監督員の確認を受けます。使用を希望する場合はイラストなどがついていないものにしましょう。

3 問題と解答用紙の配付

・試験開始前に、試験監督員の指示により解答用紙に受験番号とカナ氏名を記入し、指定の貼付欄に「受験番号シール」を２枚貼ります。

4 試験監督員の合図で一斉に試験開始（45 分間）

5 試験終了

・解答用紙が回収され、退出します。そのあと、ガイダンスで配られたスケジュールに従い「音楽」もしくは「言語」の試験へ。

作業工程

ここでは実際に課題の絵を 45 分で仕上げるための大まかな作業工程と、それぞれの工程で気をつけるべきことを解説します。また時間の目安も記載しておきました。これらはあくまでも目安ですので、皆さんは練習を通して自分に合った時間配分を見つけ出してください。

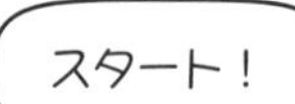

0

約2分

（1）条件をしっかり確認（約２分）

課題には、必ず場面や人数などの条件が指定されます。時間が少ないので焦るかもしれませんが、落ち着いて課題文をよく読みましょう。課題文の条件部分にアンダーラインを引くなどして、しっかり確認しましょう。

約5分

（2）構図を決める（約５分）

条件をしっかり把握したら、どのような絵を描くのかを決めます。どんな場面で、人物の配置はどうするか、それぞれの人物がどのように関係しているのか、指定された場面を表現するためには、何を描かなければいけないのかなどを考えながら、完成のイメージを具体的にしていきます。机などで体が隠れる場合を除き、できるだけ人物の全身を枠内に収めるようにしましょう。

問題用紙の余白に 3cm × 3cm くらいの小さな枠を作り、右の図のような簡単な絵を描いてみると全体のイメージを確認できます。

7

7

約20分

27

約15分

造形

（3）下描きをする（約 20 分）

イメージが固まったら、まずは下描きをします。薄だいだい色や灰色、黄色などの薄く明るめの色で枠内に人物やその場面に必要な要素を配置していきます。下描きが濃すぎると、色を塗ったあとでも目立ってしまうので、優しく描きましょう。

POINT バランスに注意

枠内の人物や物の配置のバランスに気をつけてください。①全体的に窮屈になっていないか、②上下左右のどこか一方に人物が寄ってしまっていないかなどを確認します。

POINT 下描き線の太さ

手前にいる人物や手前にあるものなどの線は少し太めにしっかりと、奥にあるものの線は少し細めに淡く描くというように差をつけると絵の中の奥行きが出やすくなります。

練習段階で保育士や子どもの服の色、背景の色などを決めていれば、その色で下描きを描いてもいいでしょう。

（4）色を塗る（約 15 分）

思い切って色を塗っていきましょう。通常の絵ですと、薄塗りの絵も繊細で美しいのですが、子どもたちの元気いっぱいではつらつとした様子を表現するために、背景までしっかりと色を塗ります。

POINT 暖色で明るく

色選びにも気をつけます。全体的に明るい雰囲気の絵に仕上げましょう。そのためには、暗いイメージを与える寒色はポイント使いでなるべく少なくし、暖色系の色をメインに使います。

背景などの、画面の中で広い面積を占める場所は、絵の印象に大きな影響を与えます。壁や床などを塗る際には、灰色などではなく、黄緑や黄色、薄い茶色など明るい色を選ぶとよいでしょう。

服やおもちゃなどの人物以外の物は、絵に彩りを与える大事な要素です。これらの物には、変に見えない範囲でいろんな色を使ってあげましょう。服の色の組み合わせなどは、練習段階である程度パターンを作っておくと色選びに迷う時間を短縮できます。靴下などの小さな部分以外は、塗り残しと判断されないよう、白は避けた方がよいでしょう。あえて白にした場合は白い色鉛筆でしっかり塗る必要があります。

POINT 濃淡をつける

色を塗る際には、同じ色のところを均一に塗りつぶすのではなく、光の当たり方を意識して濃淡をつけましょう。そのためには、色を塗りながら筆圧を変化させます。例えば床などには子どもたちの影が落ちるので、影の部分は若干強めに色を塗るとよいと思います。

時間をしっかり確認しながら、塗り残しがないように塗り進めていきましょう。細部にこだわりすぎないように！

42

(5) 全体のバランスを整える（約３分）

約3分

課題の終了時間の少し前に絵の全体を塗りきっているのが理想です。それから自分の絵を客観的に見て、色の足りないところなどがあれば塗り足したり、色の濃淡の差を調整したりなどの修正を施していきましょう。

45

ワンポイント 子どもを生き生きと見せるために

子どもの顔を生き生きと元気そうに見せるためには、頬の一番高い部分に頬紅（チーク）を入れるように、ほんの少し（顔の大きさにもよりますが、ササッと２往復くらい）ピンクを塗り足してあげましょう。ぜひ試してみてください。

過去の課題を確認してみよう

造形は、音楽や言語と違い試験当日まで課題がわかりません。まずは、過去にどんな課題が出ているのかを確認してみましょう。

	場　面	条　件
平成 31 年（前期）	夏の花壇のお世話	・花や野菜に水やりをしたり収穫をしたりする ・季節や園庭の様子 ・4 歳児 3 名以上、保育士 1 名以上
令和元年（後期）	粘土遊び	・「好きな動物」をテーマに粘土遊び ・保育室 ・5 歳児 3 名以上、保育士 1 名以上
令和 2 年（前期）	牛乳パックで手作りおもちゃ	・牛乳パックの形を活かした手作りおもちゃで遊んでいる様子 ・保育室 ・2 歳児 3 名以上、保育士 1 名以上
令和 2 年（後期）	紙芝居	・紙芝居を見ようと集まっている様子 ・保育室 ・5 歳児 3 名以上、保育士 1 名以上
令和 3 年（前期）	砂遊び	・シャベルやスコップを使ったり水を運んだりして園庭で砂遊びをしている様子 ・4 歳児 3 名以上、保育士 1 名以上
令和 3 年（後期）	色水遊び	・空き容器を使って園庭で色水遊びをしている様子 ・4 歳児 3 名以上、保育士 1 名以上
令和 4 年（前期）	フィンガーペインティング	・園庭の机に広げられた紙の上で絵具を使ってフィンガーペインティングをしている ・3 歳児 3 名以上、保育士 1 名以上
令和 4 年（後期）	豆まき	・大きな鬼の顔が貼られた壁に向かって豆まきをする園児と見守る保育士 ・3 歳児 3 名以上、保育士 1 名以上

問題は独自取材によるものです。

まずは道具を準備！

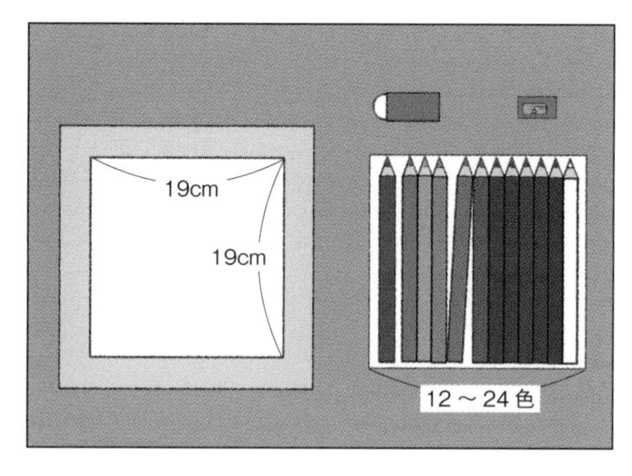

色鉛筆

なんといっても試験に必要なのは、色鉛筆（12～24色）です。水溶性色鉛筆も使用可ですが、水分の塗布は禁止されています。クレヨン、パス、マーカーペンも不可です。また、摩擦で消えるタイプの色鉛筆も使用不可です。用意した色鉛筆が大丈夫かどうか、心配な場合はご自身で試験実施団体にご確認ください。

色鉛筆のポイント

1. 水性、油性どちらでもよいのですが、のびがよく、しっかりと色の塗れるもの。
2. 使いたい色が一目でわかるもの。時間のロスを防ぎましょう。
3. 持ち込めるのは24色まで。同じセットである必要はありません。欲しい色がない場合、別のセットと交ぜたり、バラで買い足したりしてもよいでしょう。
4. 下描きは、薄だいだい色や灰色などの薄い色で。下描き線も残りにくく、他の色を塗ると目立たなくなります。下描きを消す時間を省略しましょう。
5. 使わない色は家に置いていきましょう。必要な色を探す時間を短縮できます。

紙

練習初めは普通の画用紙などでも十分ですが、本番型の練習に入ったらぜひケント紙を使ってください。広範囲に色を塗るときの色ののり具合などを確認しましょう。

また、試験本番での絵の大きさを意識して、19cm × 19cm 程度の枠内に描く練習をしておきましょう。実際の解答用紙はＡ４ですので、試験が近づいてきたらＡ４の紙に枠線を引いて練習するのもよいでしょう。

鉛筆削りは試験開始前に
試験監督員のチェックを受けるよ。

どんな風に練習したらいいの？

(1) 資料を探して真似しよう！

①参考資料を探す

保育所（園）や子どもを描いた絵本、写真、イラストなど、参考となりそうなものなら何でもよいです。細密に描かれたものよりも、線のはっきりしたシンプルなものの方が真似しやすいと思います。保育士向けのイラスト・カット集なども、子どもや保育所（園）の様子、行事などもわかってとても参考になると思います。

②真似しよう

見つけた資料を手本に、人物の動き、服装、保育所の様子などを真似して描いてみましょう。表情やポーズ、場面と小物や背景など、最初はそれぞれのパーツのみを練習していくのもよい方法です。

(2) 19cm × 19cm の枠内に描いてみよう！

①大きさの感覚をつかもう

枠内にどのくらいの大きさで人物を描くとちょうどよいのか、何人描けるのか、背景にはどのようなものが入れられるのか、そしてどのくらいの大きさになるのかなどの感覚をつかむ練習をしましょう。

最初からすべて描き込むのではなく、左図のように枠内に簡単な背景の線や、p.62 の人体の構造図のような棒人間の人物の配置図を描くことから始めると感覚をつかむ練習になります。

②背景のパターンを決めよう

背景は、課題によって、大きくⓐ保育室内、ⓑ園庭、ⓒ保育園外に分かれます。何を背景に描けばそれぞれの場所をわかりやすく表現できるでしょうか？　例えば保育室内なら、壁に貼ってある園児の絵や、窓、カーテン、荷物を入れる棚やタオルを掛けておく場所などです。

(3) テーマを決めて時間内に描いてみよう！

枠内に描くことに慣れてきたら、45 分以内に描きあげる練習をしましょう。

「室内遊びを描く」「ふれあい動物園への遠足を描く」など、自分でテーマを決めて色塗りまで仕上げます。

人の体を描いてみよう　なぞり描きで練習しよう

■大まかな人体の構造

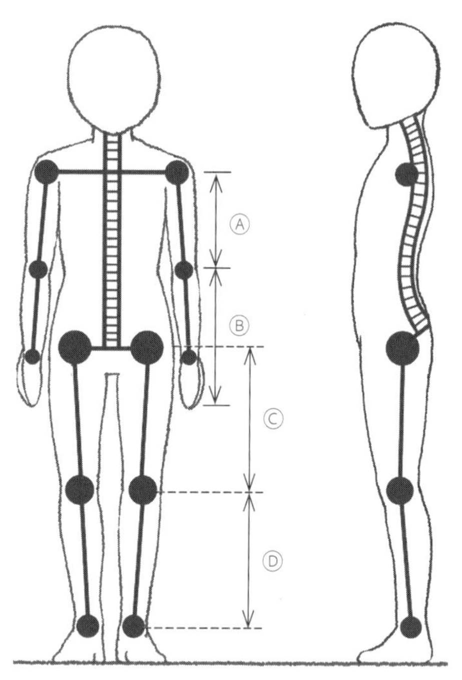

曲がるところを意識しよう

POINT 「曲がるところ」に注目

肩、肘、手首、指、脚の付け根、膝、足首などの「関節」と、首から腰にかけての「背骨」です。左図は簡略化していますが、これらの位置に注目します。

POINT 関節から関節までの比率

関節から関節までの大まかな比率を頭に入れておきましょう。

大人の場合、肩から肘まで（Ⓐ）と、肘から手の指先まで（Ⓑ）の長さを比べると、Ⓑの方が少し長く、その長さは脚の付け根から膝まで（Ⓒ）、膝から足首までの長さ（Ⓓ）とほぼ同じです。

直立した状態では、手首の位置と脚の付け根の位置がだいたい同じくらいの高さになります。

POINT 「可動域」に気をつける

関節には問題なく動かすことのできる「可動域」があります。例えば肘や膝はほぼ一方向にしか動きませんが、肩などはぐるぐると回すことができます。背骨はしなるように曲がりますが、それにも限界があります。不自然な動きの絵にならないよう自分の体を動かして試してみましょう。

まず、枠内の絵の線をなぞって、大まかな感覚をつかんでください。次に、空白の欄に見本の絵を真似するように描いて、練習しましょう。

描いてみよう！

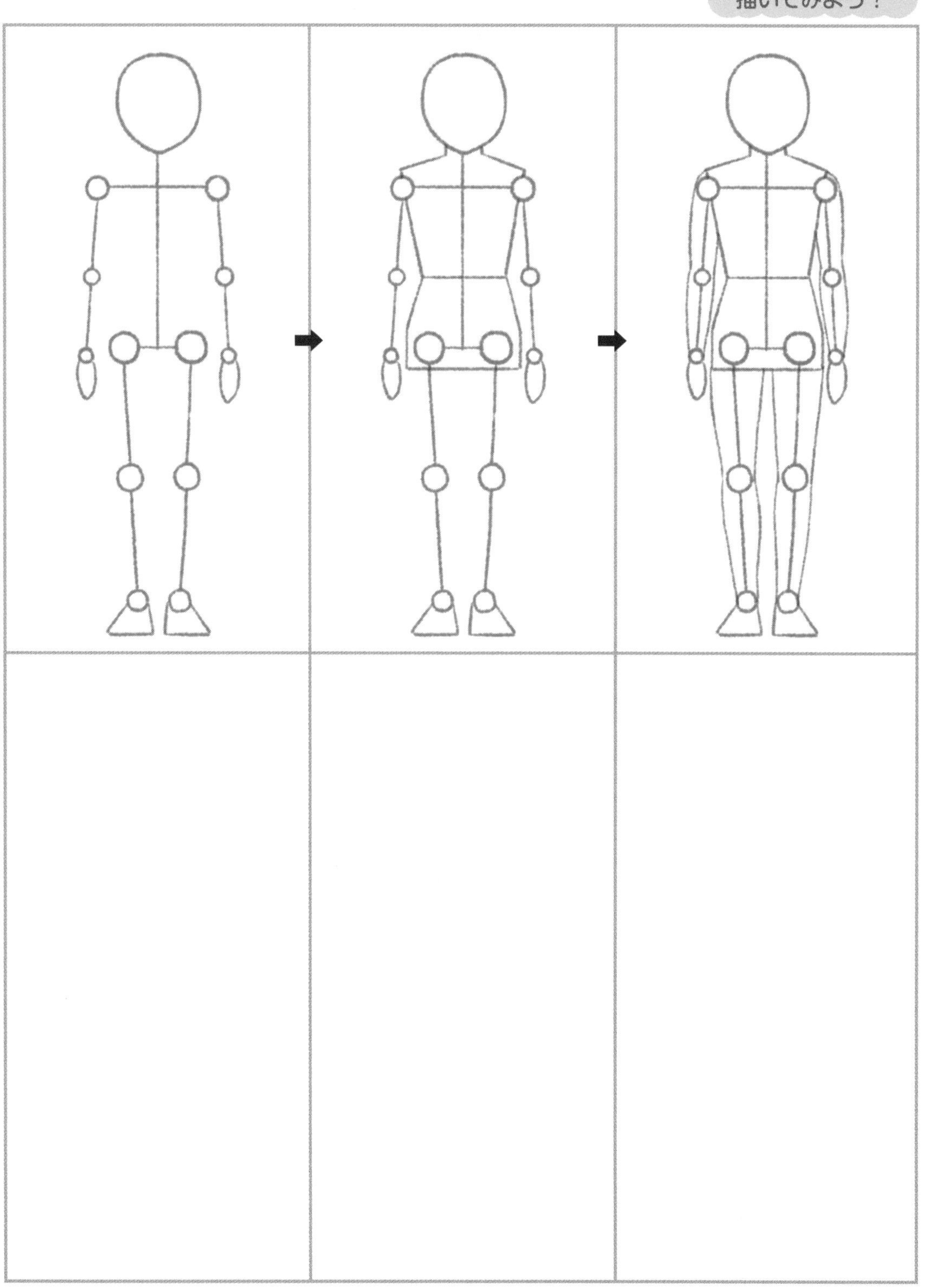

動作を描いてみよう

なぞり描きで練習しよう

POINT 動き

「造形」の課題では指定されたシーンを描かなければならないので、いくつかのパターンの動きを練習しておく必要があります。例えば、手を大きく広げたポーズをとらせると、楽しさや驚きなど、より大きな感情を表現できます。また、複数の人物の視線を一つに集めると、興味の対象が何なのかをはっきりさせることができます。

なぞって描いてみよう！

見本を見ながら描いてみよう！

歩く

・左右の手足を交互に
・前の足はかかと、後ろの足はつま先が床につくように

走る

・少し前傾姿勢
・前の脚は足の裏全体を床につけ、後ろの脚は膝を少し曲げる

転ぶ

・体と片手だけが伸びると、勢いよく転んだようになる
・足を少し浮かせる

跳ねる

・体を少し後ろに反らせる
・手は上に、脚は片方曲げて動きに差をつける

差し出す

・差し出した手と反対の手は引く
・相手の視線を想定する

かがむ

・少し猫背
・膝をついて上体を腕で支える

投げる

・利き手と反対の足で体を支える
・もう片方の足は地面を蹴り上げる

後ろ向き

・足の向きに注意
・顔が少し見えるように斜めから描くとよい

振り向く

・体と顔が異なる方向
・振り向いた側の手足を後ろに軽く引く

座る

・膝下に手を添える
・背筋を少し丸く、頭とおしりを垂直に

椅子に座る

・椅子の形に合わせて、腰と膝を曲げる
・園児の膝から下の長さと椅子の高さは同じくらい

人を描き分ける

■大人と子ども・男女を描き分けよう

POINT 大人と子どもの描き分け

大人と子どもの描き分けも大事なポイントです。**身長や頭身**の違いで描き分けましょう。

図では例として大人、6歳園児、1歳園児の大まかな身長の違いを示しました。大人は、先ほどの解説の比率を参考にしてください。子どもは、年齢に応じて3～4頭身で首がないくらいでよいでしょう。身長は6歳園児で頭が**保育士の腰から**お腹あたりを目安にすればよいでしょう。

POINT 男女の描き分け

男性保育士を描く場合は、女性保育士よりも身長を高めに、体つきも一回り大きく、肩幅などをがっしりと描きます。女性保育士は少し丸みを帯びて描きます。

園児の場合、体型、身長などにはほとんど**男女差がありません**。髪型や服装などで描き分けましょう。

■顔つきや表情の描き分けを練習しよう

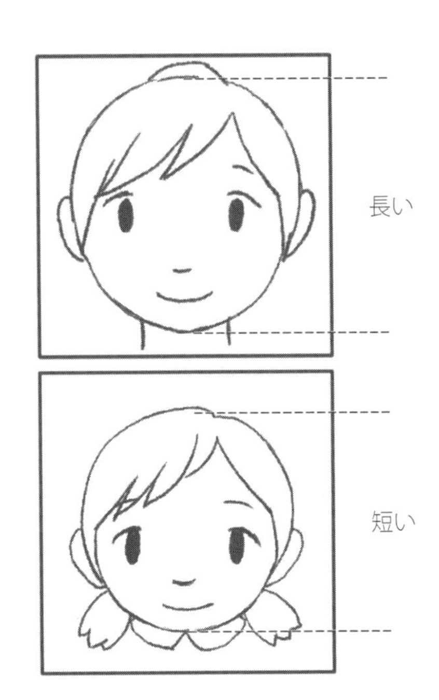

POINT 大人と子どもの描き分け

大人と子どもの違いは、顔つきにも表れます。端的に言うと、目と鼻の位置関係の違いです。図では少し大げさに表現しています。子どもの方は、目と鼻の高さを近づけてあげるとよいでしょう。大人を描くときは、その距離を離し、鼻筋を通して多少面長にしましょう。

POINT 表情の描き分け

子どもたちの保育所（園）での様子を生き生きと表現するには、表情の描き分けが必要です。用紙が小さいので、できるだけ簡単にわかりやすく描きましょう。目、眉、口がポイントとなります。

手を描いてみよう　なぞり描きで練習しよう

「造形」の試験で描く絵の中では、「手」は小さな部分にすぎません。ですが、持つ、触れる、つなぐなど、手を使う動きを描くことによって、人物と物、人物同士の関わりを表現することができます。手を描くコツを見てみましょう。

■手の大まかな構造

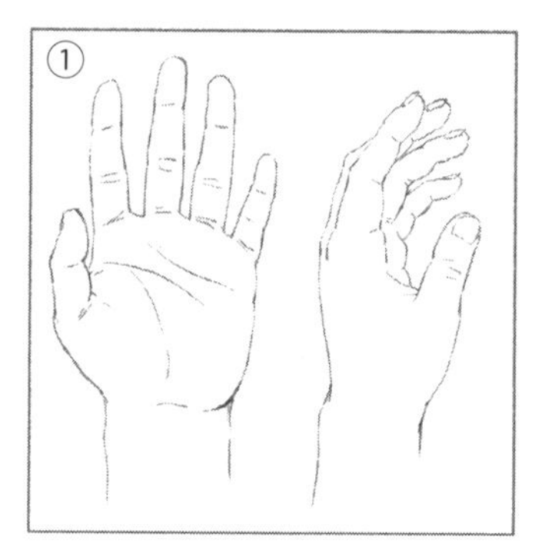

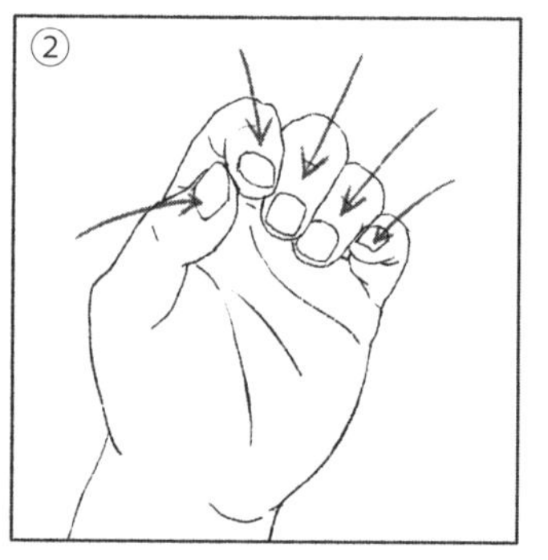

手は大まかに「手のひら」と「5 本の指」から構成されています。**親指とその他の 4 本の指の違いに気をつけます。**親指は他の指と比べて太く、手のひらの手首に近いあたりから伸びています（①）。また、**親指だけが他の指とは異なる曲がり方をします**（②）。何かを持とう、つかもうとする際には親指と人差し指、中指で物をはさみ込むような形になります。

なぞって描いてみよう！　　見本を見ながら描いてみよう！

指を開いた手

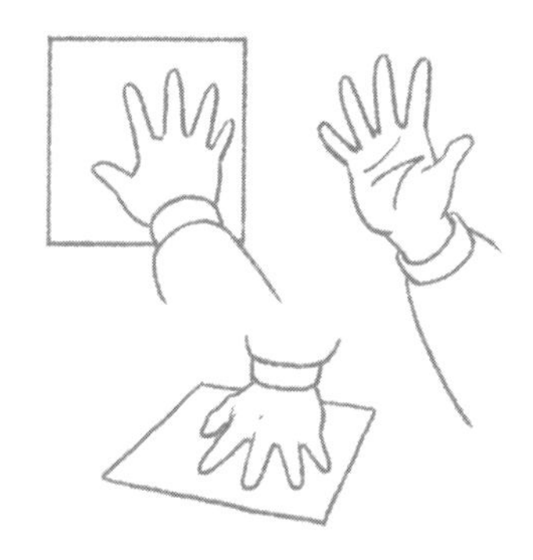

・誰かを呼んだり、手を振ったり、何かを押さえる動作

つなぐ

- 親指以外の指はそろえる
- 子どもと大人の場合、大きな手が小さな手を包む

つまむ

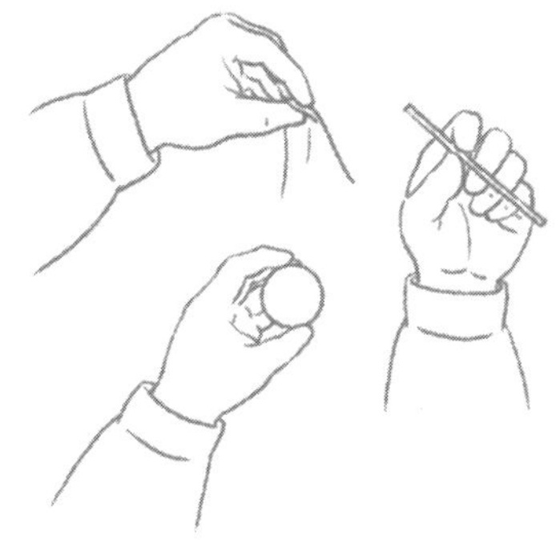

- 親指、人差し指、中指ではさみ込むような形

つかむ

- 指がどう動くかに注意する

背景を描いてみよう

■室内を描いてみよう

POINT 保育室の特徴を押さえる

保育室内を描く場合は、窓、壁に貼られた紙で作られた花などの飾りや園児の描いた絵、おもちゃや絵本、鞄などを置いておくロッカーや荷物掛けなどが特徴的です。その他にも、絵を描いたりご飯を食べたりするためのテーブルも練習しておきましょう。

POINT 保育室内

エプロンは保育士の制服ともいえます。子どもたちの服装は、私服、制服、スモックなど自由ですが、練習段階であらかじめ決めておきましょう。服には膝や肘に少ししわを入れると人体の構造がわかりやすくなります。3歳以上児のクラスでは上履きを履き、0～2歳児クラスでは裸足で過ごすことが多いようです。

■屋外を描いてみよう

POINT 特徴的なものを描く

園庭や公園の特徴は、遊具や砂場や水道などです。ブランコや鉄棒などが描きやすくていいかもしれません。すべり台も特徴的ですが立体的に描くのは少し難しいので、自信のない人は真横から見たときの形を描くとよいでしょう。すべり台の一番高い部分は、保育士が手を伸ばして子どもたちを押さえられる高さに設定します。

また屋外の場合、空や雲、木や花などの自然物も大切ですが、あまり多くのものを背景に描き込みすぎると作業量が増えるので注意しましょう。

POINT 屋外（園庭など）

保育士と園児に帽子をかぶせてみましょう。これも、自由な園とおそろいの園がありますので好きな形のものでよいでしょう。後ろに日よけがついたものもあります。

体操着も決まったものがある園とない園があります。靴は走り回りやすいものにしましょう。この絵では2色で塗り分けていますが、1色でもかまいません。

POINT 外出

3歳以上児であれば、少し長い散歩には水筒を持たせるとよいでしょう。保育士はリュックを背負います。遠足など、もっと遠くまでのお出かけであれば園児にもお弁当を入れたリュックを背負わせるとよいでしょう。

配置・構図を考えてみよう

■人数と動きのメリハリを考えよう

POINT 人数と動き

課題をよく読み、指定された人数を間違えないようにしましょう。◯名以上とされている場合、あまり人数を増やさない方がよいでしょう。全員が同じ姿勢では動きが感じられませんので、それぞれの動きを変えて練習しましょう。

POINT 役割を設定しよう

人物に役割を与えると動きにメリハリが出てきます。この図の場合、逃げている子、鬼、遠くに隠れている子、声をかけている子、とそれぞれに違った役割を与えることで動きに違いを出しています。もし全員が同じ動きだと退屈な印象の絵になってしまうでしょう。前傾姿勢を描く場合、前の足よりも頭を前に出して描いてしまうと、転んでしまうように見えるので気をつけましょう。

■人物の配置を考えよう

POINT 配置と奥行き

人物が枠に対して小さすぎたり（❶）、大きすぎたり（❷）すると絵のバランスが悪くなります。ただ並べて描くよりも（❸）手前の人物と、奥の人物というように距離を設定すると、奥行きを表現することができます。手前の人物を、奥の人物よりも少しだけ大きく描くと奥行きをより強く表現することができます（❹）。

また、これは p.77 の「目線の高さ」にも関係しますが、同じような身長の子どもたちを大人の視点の高さから見下ろす場合、画面枠内で奥の子どもの頭の位置は、手前の子どもよりも高くなります（❹）。反対に子どもたちの視点と同じ、または低い視点から眺める場合では、奥の子どもに比べて手前の子どもの頭の位置の方が高くなります（❺）。縄跳びのスケッチはこれらの要素を組み合わせています。

■パース（パースペクティブ）

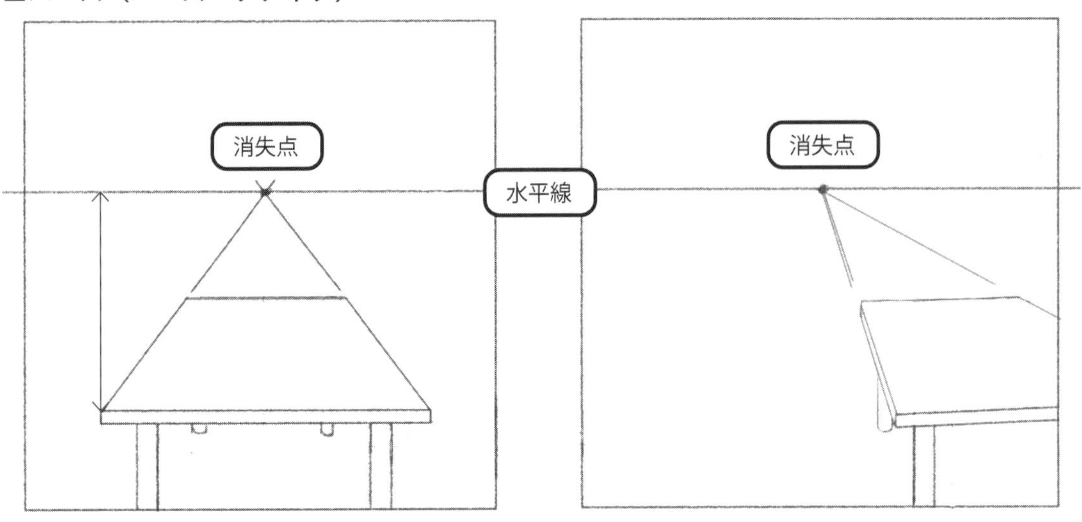

机が枠の正面に位置しているとき　　机が枠の端に位置しているとき

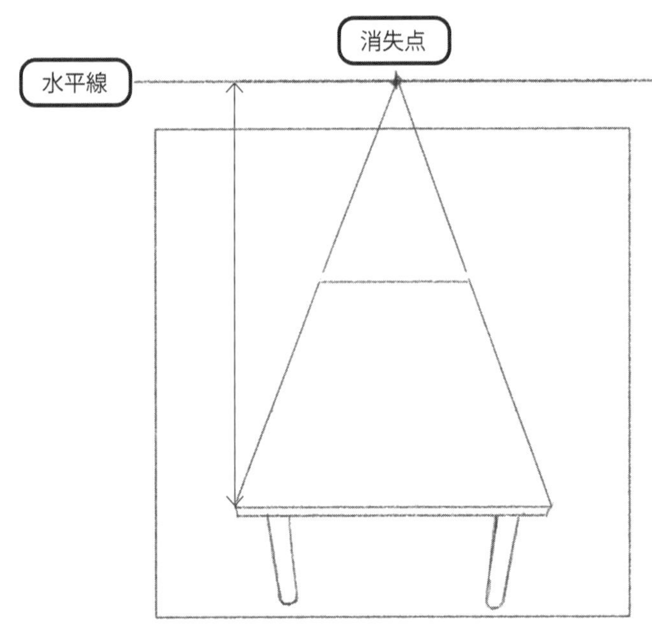

高い視点から机を見下ろしたとき

POINT パース

パースとは、簡単に言うと同じ大きさ、長さのものでも、手前のものより奥のものの方が小さく見えるという遠近法です。例えば、図のような天板が長方形の机では、手前の辺と奥の辺の長さを変えることによって奥行きを表現することができます。

見え方の変化は、「水平線」と「消失点」を想定すると描きやすくなります。高い視点から見るときは、水平線は高い位置に置き、水平線の真ん中に消失点を想定し、そこに向かって机の左右の辺が狭まっていくように描きましょう。この「水平線」と「消失点」を利用すれば、背景の遠近感などもつけられます。

■目線の高さに注意しよう

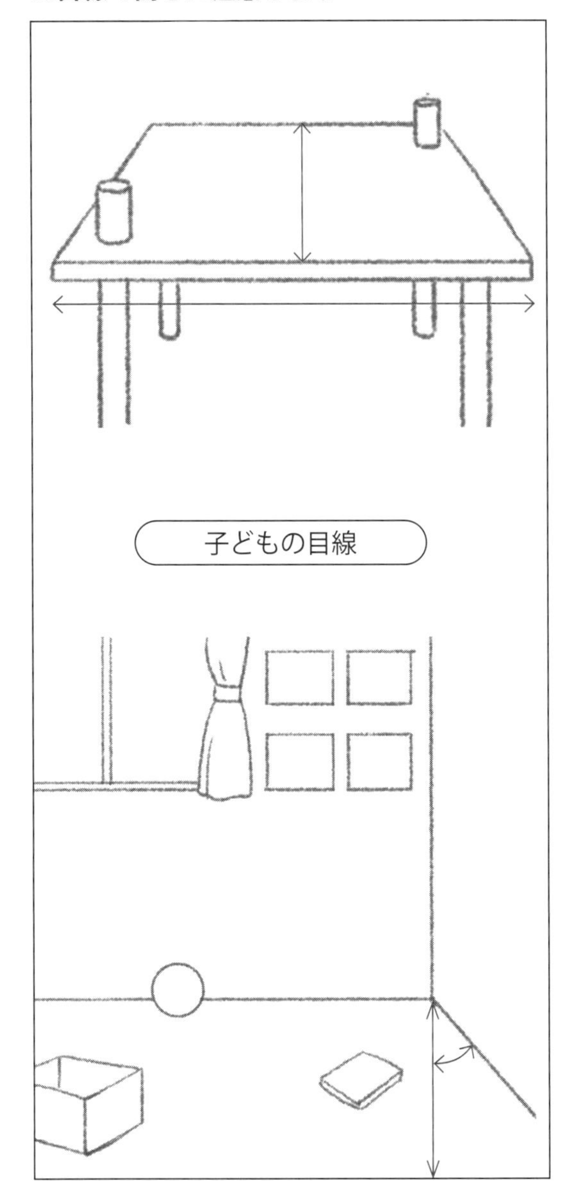

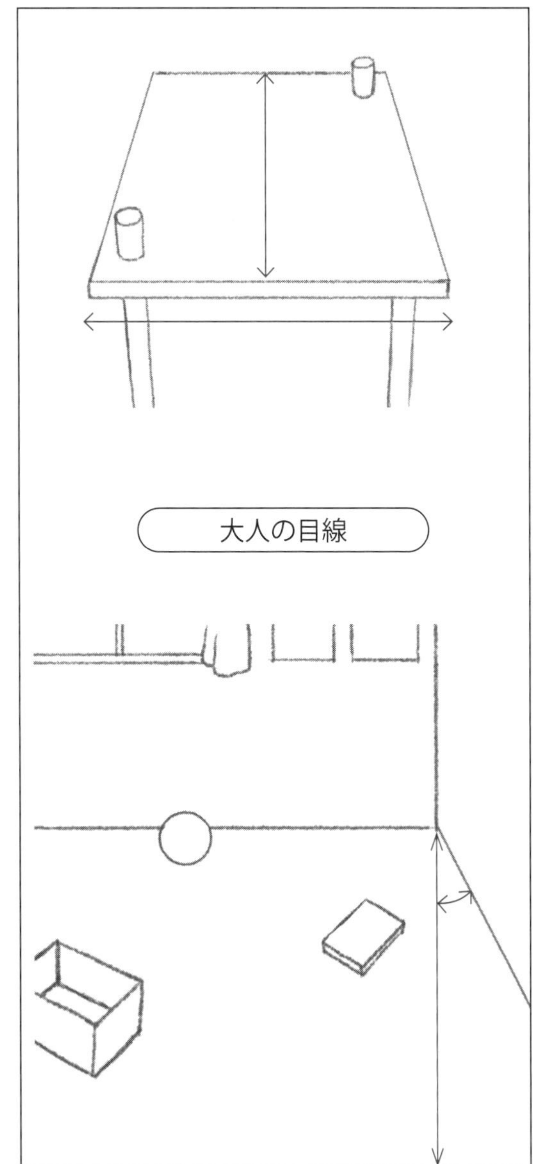

POINT 奥行きの描き分け

子どものように机を低い視点から見ると、机の天板の手前が広く、奥行きは狭く見えます。それに対し大人のように高い視点から見る場合は、机の天板の手前から奥までを広く見ることができます。

部屋の角を見るときも、低い視点と高い視点から見下ろすときで見え方に違いがあります。高い視点から見るときは、奥の床と壁の境目は低い視点のときに比べて、高い位置に来ます。また、右側の床と壁の境目は、低い視点のときに比べて鋭角になります。

生き物・植物を描いてみよう　なぞり描きで練習しよう

うさぎ・モルモット

カブトムシ・ちょうちょ

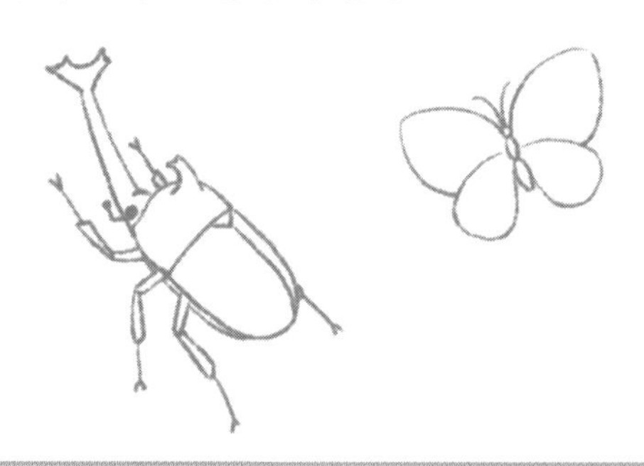

ゾウ・キリン

カタツムリ・ザリガニ

なぞって描いてみよう！　　見本を見ながら描いてみよう！

トマト・きゅうり

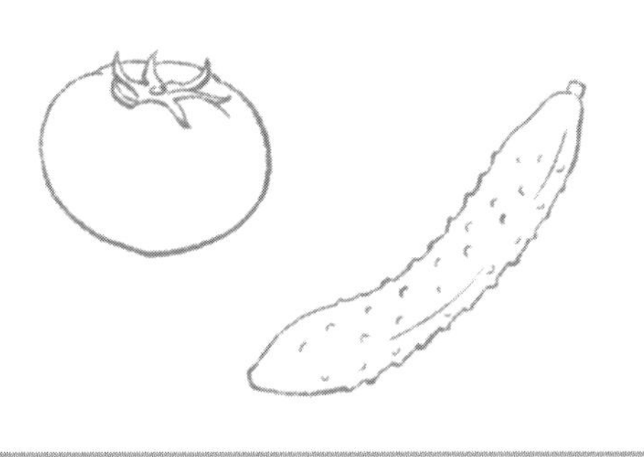

ピーマン・なす

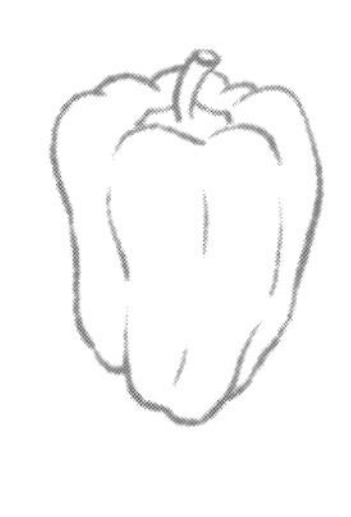

ひまわり・あさがお

ヒヤシンス・チューリップ

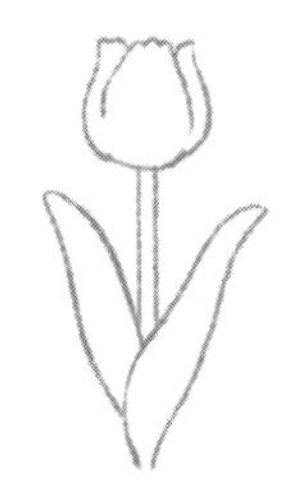

道具を描いてみよう

なぞり描きで練習しよう

色鉛筆の使い方

POINT 色鉛筆の持ち方

作業によって色鉛筆の持ち方を変え、色塗りの効率を上げましょう。先の方を持ち色鉛筆を立てると、**細かい作業や濃く塗るのに適しています**。後ろの方を持ち色鉛筆を寝かせると、**薄く広範囲に色を塗ることができます**。力の入れ具合でも色の濃淡に変化をつけることができるので使い分けましょう。

造形

POINT 色の塗り方

はみ出さないように塗るには、縁取りをしてから（①）内側を塗ります。塗る順番は、**明るく広範囲の色**（薄だいだいなど）→**暗く狭い範囲の色**（濃い青や赤など）がいいでしょう。明るい色の上に暗い色を塗るのは簡単ですが、その逆は難しいからです。人物の肌の色が髪の毛の方にはみ出してしまっても（②）、その上から暗い色で髪の毛を丁寧に塗れば問題ありません（③、④）。

同じ色の部分は、一度に塗りましょう。色鉛筆を頻繁に持ち替えると時間のロスにつながります。部屋の壁や屋外の風景など広範囲な部分は、**色鉛筆を寝かせて手早く塗ります**。目立たせたいものは**色鉛筆を少し立て**、色を濃くはっきりと塗りましょう。

POINT 陰影のつけ方

筆圧の強弱で色の濃淡をつくり、人物や物に立体感を取り入れることができます。「光が当たり明るく見える場所」と「光が当たらず暗い場所」を描き分けてみましょう。注意が必要なのは、**明るい側を明るくしすぎないこと**です。明るくするために薄く塗り、色の下から画用紙の白が透けて見えると、絵が淡く弱い印象になります。

顔の正面が暗くなると表情が見えにくくなる（②）ので、光は左側の少し手前から当たっているように設定してみましょう（①）。暗さ（影）は人物や物の右側と下側の輪郭の線に寄り添う形で少し濃くするとよいでしょう。

色鉛筆で描いてみよう

実際に色鉛筆を使って絵を描いてみましょう。途中経過が分かるように、ここでは左ページに描いている途中の絵を、右ページに完成した絵を載せています。

①構図が決まったら、まず薄い色で下描きをします

②縁取りをしてから内側を塗りましょう

③明るく広い範囲の色から、暗く狭い範囲の色の順に塗ります

子どもの服の色や形の組み合わせパターンを決めておくと、時間短縮になります。

［例題］保育室で折り紙遊びをしている保育士１名と子ども３名を描きましょう。

小物に鮮やかな色を使うと、絵が明るくなり、メリハリが出ます

広い部分は色鉛筆を寝かせると素早く塗れます

よく出題される「保育室」にある道具や飾りなどは、練習しておきましょう。

このボールの塗り方のように、光がどちらの方向から当たっているかを意識して色に濃淡をつけると、立体感が出ます

造形

過去問分析

令和５年後期

【事例】

N 保育所の２歳児クラスの子どもたちが、保育室の床の上に広げられた模造紙に、クレヨンで自由に線を描いたり色を塗ったりしています。保育士は、そばで子どもたちのつぶやきを聴きながら見守っています。

【条件】

1　【事例】に書かれている保育の様子がわかるように描くこと。
2　子ども３名以上、保育士１名以上を描くこと。
3　枠内全体を色鉛筆で着彩すること。

問題は独自取材を再現したものです。

作品例

合格

- 床の面積を広く取り、四角く大きな紙を描き込みましょう。紙は白ではなく**水色**の鉛筆で薄く塗ると、絵の彩りが増します。
- 子どもたちに同じ**ポーズ**を取らせ、作業を単純化しています。
- **右向きの顔**が描きやすい人と、**左向きの顔**が描きやすい人がいるので、自分の作業のしやすい構図選びも大切です。

加点

- 絵に自信がある人は、床に置いてある画用紙にパースをつけて**奥行き**を表現したり、**子どもたちのポーズに差**をつけたりして、臨場感のある絵づくりを目指しましょう。
- 子どもたちが描いている絵にも何色かの色を使うと、絵がより華やぎます。
- 保育士の姿勢は、**顔を少し傾けさせる**だけで、子どもたちの会話に注意を向けている様子が伝わります。

過去問分析

令和５年前期

【事例】

S保育所の４歳児クラスの子どもたちは、雨の日の園庭で傘をさしたり、長靴やレインウェアを身に付けたりして遊んでいます。保育士は、水たまりで遊ぶ子どもや、空き容器に雨水を溜めたり、雨音を聴いたりする子どもをそばで見守りながら遊びに加わっています。

【条件】

1 【事例】に書かれている保育の様子がわかるように描くこと。
2 子ども３名以上、保育士１名以上を描くこと。
3 枠内全体を色鉛筆で着彩すること。

問題は独自取材を再現したものです。

造形

作品例

合格

- 雨の日を表現するために空は灰色で薄く塗りましょう。灰色が多すぎると絵の印象が暗くなってしまうので、背景に木を描くことで、空の面積を減らしています。絵の全体に水色の線を入れ、雨が降っている様子を表現するのも忘れずに。
- 雨具には**目立つ色**を使い、絵を明るい印象に仕上げましょう。

加点

- 子どもたちが様々に雨の日を楽しみながらも、保育士と一緒に遊んでいるという一体感を表現しましょう。そのためには、**人物の動きの関係性と目線**に注意します。
- 絵の印象が暗くなりがちな課題なので、**強弱**をつけて色を塗り、**陰影**をつけることで見栄えのする絵作りを心がけましょう。

テーマ別作品例・室内１

登園風景

［作品の構成］

・保育園の玄関
・登園してくる園児と保護者、迎える保育士と園児

　子どもたちの笑顔や手の動きから、園での一日を楽しみに登園してきた様子が伝わります。

給食（片付け）（平成 29 年前期）

［作品の構成］

・保育室
・給食の片付けをしている園児と保育士

　子どもたちと保育士の役割を分担しましょう。
　この絵の子どもたちはお盆を持っています。自分で実際に物を持ってみたりしながら、動きを表現する練習をしましょう。

※過去の課題のテーマは独自取材によるものです。

お昼寝の準備　（平成 24 年）

[作品の構成]

・保育室
・お昼寝の準備をする園児と保育士

　パジャマへの着替え、布団を敷く、布団に飛び込むなど、さまざまな動きが考えられます。
　斜め上からの視点で、床を広く見せています。

けんかのあとの仲直り（平成 25 年）

[作品の構成]

・保育室
・おもちゃの取り合いでけんかをした園児と、仲を取り持つ保育士

　笑顔と涙を一緒に描くことで、けんかをしてしまったけれど、今は仲直りしたという気持ちの変化を想像させることができます。

テーマ別作品例・室内 2

積み木遊び

[作品の構成]

・保育室
・積み木で遊ぶ園児と、遊びを見守る保育士

一番見せたい部分を枠の中心に配置することと、人物の視線をそこに集めることで、絵のポイントがわかりやすくなります。

粘土遊び（令和元年後期）

[作品の構成]

・保育室
・「好きな動物」をテーマに粘土遊びをする園児と保育士

粘土はなんとなく動物に見えれば大丈夫です。動物が小さくなり過ぎないように注意します。

手で粘土をこねている様子がわかるようにしましょう。

※過去の課題のテーマは独自取材によるものです。

昔遊び（あやとり）（平成 27 年）

[作品の構成]

・保育室

・あやとりを教えてくれるお年寄り、教わる園児と保育士

お年寄りは、顔のしわや髪の色、服装などで他の人物との違いを表現します。

あやとりをしているところがこの絵の中心になるので、紐は鮮やかな赤で目立たせ、楽しく遊んでいる雰囲気を描きましょう。

こいのぼり作り

[作品の構成]

・保育室

・こいのぼりを作る園児と保育士

こいのぼり作りには切る、貼る、描くなどのさまざまな工程があります。それぞれの子どもたちの進み具合に差をつけると、個性が見えて生き生きとします。

テーマ別作品例・園庭

砂遊び

［作品の構成］

・園庭の砂場
・道具を使って砂で遊ぶ園児と保育士

子どもたちはそれぞれに山を作ってトンネルを掘ったり、バケツで型をとってみたり、泥だんごを作ってみたりと思い思いに遊んでいます。

このように、その場所でどんな遊び方ができるのか想像しながら描きましょう。

落ち葉遊び（平成29年後期）

［作品の構成］

・園庭
・落ち葉ひろいの後、落ち葉で楽しく遊ぶ園児と保育士

集めた落ち葉は、袋等に入れてあるようにすると落ち葉を一枚一枚描く手間が省けます。

イチョウやモミジなどの形や色に特徴のある葉を交ぜると、絵の華やかさが増します。

※過去の課題のテーマは独自取材によるものです。

なわとび遊び

[作品の構成]

- 園庭
- なわとび遊びをする園児と保育士

園児の回すなわの位置に差をつけて、動きの違いを見せます。

足の先を伸ばして描くことで、ジャンプしている様子を表現しましょう。

プール遊び

[作品の構成]

- 園庭
- プールで水遊びをする園児と保育士

絵がさみしくなりすぎないよう、園児たちの水着には鮮やかな色を使います。ボールなどの遊び道具を描き込むのもよいでしょう。

園児たちにそれぞれ違ったポーズをとらせることで、プール遊びの時間のにぎやかさが表現できます。

テーマ別作品例・園外

動物園（ふれあいコーナー）（平成 26 年再試験）

[作品の構成]

・動物園のふれあいコーナー
・動物とふれあう園児と保育士

　ふれあいコーナーには、小型でおとなしい動物を描くとよいでしょう。特にうさぎは長い耳が特徴的なので描きやすい動物です。

いもほり

[作品の構成]

・いも畑
・いもほりをする園児と保育士

　畑は畝（うね）を描くことで表現します。
　さつまいもの葉やスコップ、園児たちの服などで絵に華やかさを持たせましょう。

※過去の課題のテーマは独自取材によるものです。

散歩（平成26年）

［作品の構成］

・公園に散歩に行く様子
・歩いている園児と保育士

2列に並んでの散歩の場面なら、人数が多くても枠内にうまく収まります。

水族館

［作品の構成］

・水族館に遠足に行った様子
・水槽を楽しそうに見る園児と保育士

園児たちが魚に夢中になっている様子を表現するために、顔や体の角度を水槽の方に向けましょう。

見た目が特徴的な魚を選んで1、2匹ほど描き込みます。それ以外の魚はごく簡単なシルエットだけ描いておけば十分です。

テーマ別作品例・行事

おゆうぎ会の練習（平成 28 年後期・地域限定）

［作品の構成］
・保育室
・輪になる園児とオルガンを弾く保育士

輪になっている子どもたちに動きをつけます。

保育士の腕の位置をオルガンの陰に配置すると、描きやすくなります。

お誕生会（平成 30 年前期）

［作品の構成］
・保育室
・お祝いをされる 1 歳児とお祝いをする 5 歳児、保育士

体の大きさや顔立ちに変化をつけることで年齢の違いを表現します。

お誕生会の様子は、壁にケーキの飾りや輪飾りを描き込み、主役の 1 歳児に冠やメダルを身につけさせてわかりやすくします。

※過去の課題のテーマは独自取材によるものです。

運動会

[作品の構成]

・園庭
・運動会でかけっこをしている園児と応援する保育士

1位の子の喜び、2位の子の必死な様子、3位の子のゴール直前で力を使い切ってしまった様子など、子どもたちの気持ちや様子を設定することで場面が生き生きしてきます。

背景には運動会を象徴する万国旗などの飾りつけを描き込みましょう。

豆まき（令和4年後期）

[作品の構成]

・保育室
・壁に貼られた鬼の顔に向かって豆まきをする

保育所での豆まきでは本物の豆を使わず、カラーボールや新聞紙を丸めたものを使うことが多いようです。

園児が投げている様子は、横向きに描くと分かりやすいです。鬼の顔は思い切って大きく描きましょう。

最後の試験準備

持ち物を忘れないように！　受験者間での貸し借りはできません。

□ 鉛筆、シャープペンシルなどの筆記用具

→　受験番号などを書くので机の上に出しておきます。

□ 色鉛筆 24 色まで

→　使わない色があれば、少なくても OK です。必要な色を探す時間のロスを省きましょう。摩擦熱で消える色鉛筆は不可。

□ 無地のタオル

→　色鉛筆の箱など、イラストが入っていると使用できないことも。無地のタオルの上に置けばすべらず一目で見渡せます。また、無地の鉛筆立てなども省スペースでいいですね。

□ 腕時計

→　アラーム音の鳴らないもので、計算機、電話などの機能のないもの。置き時計は不可。

□ 消しゴム

→　消している時間はないかもしれませんが、念のため。

□ 鉛筆削り

→　試験前に試験監督員のチェックがあります。イラストなどが入っていないもの。試験中に削る必要のないように準備しておきましょう。

ここまで練習してきたのですから自信を持ってのぞみましょう！

条件をしっかり確認して、構図を決めたら、ささっと下描きを描いてみましょう。もう一度、下描きが条件を満たしているか、事例に反していないか確認しましょう。あとは一気に色を塗って、細かい調整は残り時間で。時間があれば背景に陰影をつけたり、子どもたちの服をチェックやボーダーにすることもできそうですね。

言語

言語

この「言語」の科目では、子どもの言葉や想像力を育むために、実際にお話（素話（すばなし））を語る表現力が問われます。実際の試験では子どもに見立てた椅子に向かって、一定の時間、子どもが集中して聴けるような素話を採点委員の前で表現することが求められます。

どうすれば合格できるの？

(1)「言語」のねらい

同じ言葉を使っていても、物語の世界は、日常の現実世界とは異なります。お話は言葉を通して、子どもたちの想像力を育み、周囲の人と心を通わせる共感性や新たな楽しみを与えてくれます。

幼児の遊びは、ものを見立てる想像力なくしては成立しません。実は言葉そのものも、ものを見立てる象徴機能から生まれているのです。また、他者の思いを予想すること、未来を予測し判断すること、科学的な発見、想像力自体を吟味することなど、皆、想像力の恩恵によるものです。

今、どのような状況にあっても、未来に希望を見出すことができるのも、想像力の働きによるものです。ですからいろいろな意味で、子どもたちの想像力を育むことはとても大事なのです。子どもたちの年齢に応じた想像力や言葉の豊かさを養うことのできるような表現を心がけましょう。

(2) 評価のポイント

他の実技科目と同様、採点基準などは発表されていません。しかし、対象年齢の子どもたちが目の前にいることを想定して、

- **子どもたちに届くような発声と視線**
- **その話に合った表情（笑顔、困り顔など）**
- **対象年齢と制限時間に合った台本の作成**

ができていれば、最低合格点はとれると考えられます。

試験室ってどんな感じ？

会場によって多少の違いはありますが、およそ下のイラストのような感じになっているようです。

採点委員に
受験番号シールを
1枚ずつ手渡しします

採点委員の指示に従い
名前を告げます

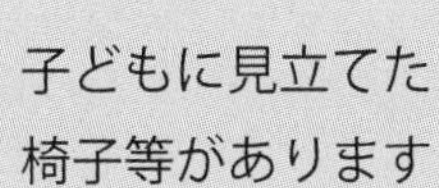

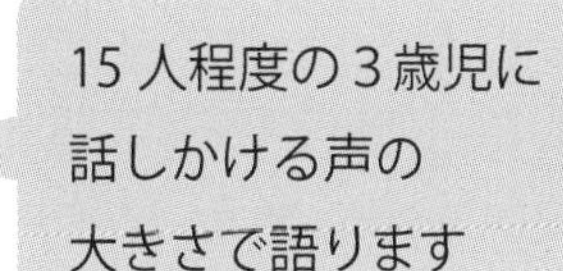

椅子に座っても、
立っても、
どちらでも構いません

話し終わっても、
ベルが鳴るまで
退出できません

感染症対策のためのマスクの着用は、試験実施団体からのお知らせを事前に確認し、当日は監督員の指示に従ってください。

「言語」試験の流れ

試験の当日の流れの例です。会場によっては違う場合もありますので、ガイダンスのときに必ず自分で確認しましょう。

待機

1 待機室で待機

・待機室は当日発表されます。**20分前までには必ず入りましょう。**

・進行状況によっては時間が早まることもあるので注意！

2 誘導に従い試験室前へ移動

・試験開始時刻（目安）の**5～15分前**に試験室前に誘導されます。

・試験室前に5名程度が並んで待機します。

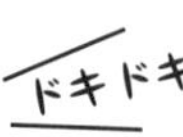

入室～スタート

3 入室

・順番が来たら案内により入室し、指示に従って手荷物を置きます。

・受験番号と氏名を採点委員に告げ、本人確認をします。

・受験票の「受験番号シール」を2名の採点委員に**1枚ずつ手渡します。**

・試験位置へ移動し、立って話すのか、座って話すのかを選択し準備をします。

試験開始〜終了

4 素話を始める

・採点委員の「始めてください」の合図でタイムキーパーがベルを鳴らします。

・最初に「○○のお話をします」など、タイトルを子どもたちに向かって言います。

5 ベルが鳴ったら終了！

・３分後、タイムキーパーがベルを鳴らします。

・話の途中でも、**そこで終わり**です。
　また、早く終わってしまっても、ベルが鳴るまでは**退出できません**。

6 退出

・「ありがとうございました」と挨拶して退出しましょう。

ワンポイント

緊張したら……

　会場によっては室内の声が聞こえることもあります。緊張感が高まりますが、落ち着いて！　もう一度頭の中でストーリーを確認したり、ポイントをメモしたものを見たりしてみましょう。
　何度か深呼吸すると肩の力が抜けて声が出やすくなります。家族など、大事な人の顔を思い出してみるのも緊張をほぐすにはいいようです。

合格点への７つのポイント

言語に関する技術の試験でお話をするときのポイントは、どんなところにあるのでしょうか。下記の７つのポイントに気をつけてみましょう。

ポイント 1　台本は、指定された時間で終わるようにアレンジし、暗記しておく

ただし、一字一句間違えないように覚えようとする必要はありません。

ポイント 2　話し始める前に、必ずお話の題名を言う

試験に限らず、お話をするときには、最初に題名を言うことで「どんなお話なんだろう」という子どもたちの期待が高まります。

ポイント 3　ちょうどよい大きさの声で、はっきりゆっくりと語る

試験では、子どもが 15 人程度、自分の前にいる想定です。全員に届かないような小さな声では困りますが、かといって、大きければいいということでもありません。大きすぎる声は、特に小さな子どもたちにとっては、怒られているように感じて恐怖感を生むこともあります。聴き手の子どもたち全体に届くちょうどよい大きさの声で語りましょう。

また、素話（すばなし）は声と言葉が頼りなので、言葉一つひとつを、はっきりゆっくり語らないと、子どもたちはお話をイメージすることができません。緊張すると早口になりがちですので、練習のときから気をつけてゆっくり話しましょう。

ポイント 4　接続詞のあとは、ひと呼吸おいて少し間（ま）を取る

場面転換や「さて」「そこで」「ところで」などの接続詞のあとに、間を取ることで素話にメリハリが生まれ、子どもたちが物語を理解しやすくなります。また、その間を使って子どもたちを見渡すことによって、語り手も、子どもたちがお話を理解しているかどうかを確かめることができます。

試験中も、子どもたち全体を見渡し、「お話がわかっているかな」と確認するような気持ちで進めるとよいでしょう。

ポイント5 登場人物のセリフには抑揚をつける

セリフには、登場人物それぞれに地の文（ナレーションの部分）とは違った抑揚をつけると、素話が盛り上がり、お話に臨場感が生まれます。

また、登場人物の人数が少なければ、声色を使い分けるのもよいでしょう。ただし、人数が多いと、逆に区別がつかなくなることもあるので、「～と、誰々が言いました」「誰々は、～と言いました」など、話し手をはっきりさせる必要があります。

ポイント6 子どもたちとまなざしを合わせるような体勢をとる

子どもたちが集中して素話を聴くためには、子どもたちの顔を見てお話をすることが大事です。試験会場には子どもはいませんが、子どもに見立てた椅子が２脚置いてあります。その椅子と椅子の間を見て、子どもに目配りし、視線を合わせているように演じます。

この場合、首をただ右から左へ、左から右へと機械的に動かすのではなく、子どもたちの顔を、一人ひとりとらえるようなイメージで、何度か視線を止めながら動かしていくとよいでしょう。

ポイント7 「楽しいお話をするから聴いてね」という表情で

お話をするときは、「楽しいお話をするから聴いてね」と子どもたちに語りかけるように、話の内容に合わせて、生き生きとした表情や笑顔を見せましょう。

話し手が無表情だと、話の内容を理解しにくくなります。語り手自身がそのお話を楽しみましょう。

ワンポイント 声には気持ちが表れる！

声には気持ちが表れます。選んだ話を好きになれば、その気持ちが必ず聴き手にもよい印象として伝わります。

お話を選びましょう

(1)「好きな話」を選ぼう

課題が発表されたら、童話集や昔話集、絵本などでストーリーを調べ、自分の好きな話、語りやすい話を選びましょう。台本をアレンジしたり覚えたりするためには、好感の持てる物語でないと、長くおつきあいできません。

(2) アレンジをイメージしよう

登場人物の語り分けや、アレンジの仕方をイメージしてみましょう。ちょっと難しそうだな、と感じたときには別の話を試してみることも必要かもしれません。

(3) 登場人物の数に気をつけよう

気をつけたいのは、台本のアレンジの仕方によっては登場人物が多くなり、語るときに表現上の難易度が高まるということです。

令和6年の課題である「ももたろう」「おむすびころりん」「3びきのこぶた」「3びきのやぎのがらがらどん」について考えてみましょう。

台本のアレンジによっても違いますが、主な登場人物数は、下記の表の通りです。

・主な登場人物表

ももたろう	8	ももたろう、おじいさん、おばあさん、犬、さる、きじ、おに、ナレーション
おむすびころりん	3	おじいさん、ねずみ、ナレーション
3びきのこぶた	5	こぶた(3びき)、おおかみ、ナレーション
3びきのやぎのがらがらどん	5	やぎ(3びき)、トロル、ナレーション

「おむすびころりん」は、正直もののおじいさんとねずみだけのお話にアレンジすることができます。そのため登場人物が少なく、声質の変化も少なくて済むので、語りやすいといえます。逆に「ももたろう」は登場人物が多く、セリフの難易度が高くなり、素話が難しくなる可能性があります。

アレンジの際には、登場人物を自分が語り分けできるだけの人数にしぼった方が、セリフによって声を変える回数も減り、語りやすいでしょう。

課題を分析

令和６年の課題

（１）「ももたろう」（日本の昔話）
（２）「おむすびころりん」（日本の昔話）
（３）「３びきのこぶた」（イギリスの昔話）
（４）「３びきのやぎのがらがらどん」（ノルウェーの昔話）

※課題は「令和６年保育士試験受験申請の手引き［前期用］」に基づいています。

令和６年の言語の試験は、上記の四つのお話の中から一つを選択し、３歳児クラスの子どもに「３分間のお話」をする、というものです。

では、実際にこの中のお話を使って試験の準備をしてみましょう。

（1）お話を選択する

ここでは、やぎ達とトロルの会話の繰り返しと、大きいやぎがトロルをやっつけるところがおもしろい「3びきのやぎのがらがらどん」を選んでみます。

（2）対象年齢に合わせ、台本をアレンジする

3分間で語るためには、台本の文章が600～800字（普通に漢字を入れた文章で）程度であることが必要になります。

この台本のもとになるテキストとしては、『三びきのやぎのがらがらどん』（マーシャ・ブラウン／絵　せたていじ／訳　福音館書店）、『太陽の東 月の西』（アスビョルンセン／編　佐藤俊彦／訳　岩波書店）、『ノルウェーの昔話』（アスビョルンセンとモー／編　大塚勇三／訳　福音館書店）などがあります。

それぞれに魅力があるテキストなのですが、実技試験では、３歳児クラスの子どもに３分間で語るという制限があります。そのままのテキストを使用するのではなく、絵で説明されているところを言葉にしてイメージしやすくしたり、時間内に収まるように文章量を整理したりする必要があります。

ワンポイント　もとのお話選び

課題のお話には、それぞれ昔話や絵本など、登場人物や設定の違うものが出ています。台本のもととして、どれを選んでもよいと思いますが、いくつか比べてみて、それぞれのよいところを取り入れるのもよいと思います。ぜひ一度、**声に出して読み比べてみてください。**

それでは、実際にアレンジした文章をもとに解説していきましょう。

アレンジ参考例

3びきのやぎのがらがらどん

「3びきのやぎのがらがらどん」のお話をします。①②

題名を忘れずに言う

昔、あるところに、がらがらどんという名前の、3びきのやぎたちがいました。

話の設定が伝わるように丁寧に

あるとき、やぎたちはおなかいっぱい草を食べて太ってこようと、山にでかけました。

手をおなかに添える

とちゅうの川には橋がかかっていて、そこにはきみのわるいトロルがすんでいました。

声をひそめて

トロルというのは、山や川にすんでいるおそろしい魔物のことで、目はさらのように大きくて、鼻は棒のように突き出ています。③

3歳児にもイメージできるようにゆっくりと

目・鼻を順に指で指す

はじめに、いちばん小さいやぎのがらがらどんが、橋を渡っていきました。

軽やかに

すると、トロルが言いました。
「だれだ？　おれの橋をカタコト渡るやつは」④
「小さなやぎのがらがらどんです。今から山に草を食べに行くんです」⑤
「なんだと！　おまえなんか、ひとのみで食べてやる」⑥
「まってください。もうすぐ、ぼくより大きい中くらいのやぎのがらがらどんがやってきますよ」
「ようし、それならそいつを食べることにしよう」

トロルの雰囲気を出して少し大きな声で

怖くなりすぎないように

両手でおそいかかるしぐさ

言語

アレンジのポイント

①課題では開始合図のあと、題名を子どもに向けて言う指示がある。アレンジする際は、忘れずに**題名**を加える。
②３歳児が対象なので、文末は「だ・である」調ではなく、親しみやすい**「です・ます」調**で語る。
③３歳児はイメージする力がまだ弱いので、トロルの姿かたちは、３歳児にも**イメージしやすいように**やさしくアレンジする。
④３歳児は、**擬音語**によく反応する。橋の揺れ方は擬音語で表現し、「カタコト」「ガタゴト」「ガタンゴトン」などと、揺れ方の変化がわかるようにする。
⑤小さいやぎ、中くらいのやぎ、大きいやぎが登場するので、口調がだんだんたくましくなるように**変化をつける**。
⑥３歳児の場合、小さいやぎに同化して話を聴くので、トロルのセリフがあまり**怖くなりすぎないように**注意する。

（p.109 に続く）

しばらくすると、中くらいのやぎのがらがらどんがやってきました。⑦

「だれだ？　おれの橋をガタゴト渡るやつは」

「真ん中のやぎのがらがらどんさ。今から山に太りに行くんだ」⑧ …… 中くらいの声で

「なんだと！　おまえなんか、ひとのみで食べてやる」 …… またおそいかかるしぐさ

「まあ、まってくれ。もうすぐいちばん大きいやぎのがらがらどんがやってくるから」 …… 落ち着いて

「ようし、それならそいつを食べることにしよう」

最後に、いちばん大きいやぎのがらがらどんが、ズシンズシンとやってきました。⑨ …… 大きさが感じられるように

あんまり大きいので、橋がガタンゴトンと揺れました。

「だ、だれだ？　おれの橋をガタンゴトンと揺らすのは」

少し慌てた様子で

「おれは、いちばん大きいやぎのがらがらどんだ！」

「な、なんだと！　おまえなんか、ひとのみで食べてやる」

クライマックスに向けて盛り上げていく

おそいかかるしぐさをする

するといちばん大きいがらがらどんは、勢いよくトロルに飛びかかりました。そしてその角とひづめで、あっというまにトロルをやっつけてしまいました。⑩

こうして、３びきのやぎのがらがらどんは、山に登って、草をおなかいっぱい食べました。あんまりいっぱい食べたので、きっと、今も太って山にいることでしょう。⑪

お話の終わりに向けてゆっくりと

おなかに手を当て、おなかが膨れている様子

おしまい。

アレンジのポイント

⑦３歳児は特に**繰り返し**が大好きなので、繰り返しのおもしろさが生きるようにアレンジする。
⑧中くらいのやぎの口調は、特徴がなくなりがちなので、小さいやぎよりもたくましく、大きいやぎよりもおとなしくなるように**工夫して表現**する。
⑨大きいやぎの登場の仕方は、**クライマックス**に向けてお話が盛り上がっていくようにする。
⑩大きいやぎとトロルの戦いの場面では、トロルがきちんとやっつけられることで、子どもたちは**安心**する。
⑪お話の終わり方は、**はっきりと、あっさりと**。余計な教訓をつけ足したりすることは避ける。

語り方のポイント

1. 3歳児が言葉をきちんと聴きとり、お話の内容をイメージしてついてこられるように、ゆっくりと、反応を確かめながら語ります。
2. 全体を通してリズム感を大切にし、子どもたちが集中し、興味を持続できるように語ります。
3. 小さいやぎ、中くらいのやぎ、大きいやぎ、トロルという、登場人物それぞれの個性を出す必要があるので、表情やセリフに工夫が必要。
4. 橋を渡るときの擬音語「カタコト」「ガタゴト」「ガタンゴトン」などは、それぞれのおもしろさが引き立つように、表現力豊かに語りましょう。
5. 繰り返しの場面は、子どもたちが喜ぶポイント。それぞれの場面の間で十分な間(ま)を取り、次の場面への期待感を高めましょう。
6. 登場人物のセリフは、個性が感じられるように語る必要はありますが、できるだけ自然に語ります。不自然な声色や、いわゆる「アニメ声」などは避けましょう。

ワンポイント なぜ「がらがらどん」なの？

「3びきのやぎのがらがらどん」の原題は、ノルウェー語の「De tre bukkene Bruse」で、これは「3びきのやぎ、ブルーセ」という意味です。この「ブルーセ」はやぎの名前ですが、ノルウェー語では「うなり声」とか「騒音」を意味します。日本語訳の「がらがらどん」は、やぎの鳴き声から「がらがら声」をイメージし、その「がらがら」と「西郷どん」などで使われる敬称の「どん」を組み合わせたものと考えられます。とても語呂がよくて、子どもたちもすぐに覚えられる魅力的な名前です。

ところで、素話って？

幼い頃、身近な家族や保育所の先生から、あるいは、図書館のお話し会などで「むかしむかし、あるところに……」と、お話をしてもらったことはないでしょうか。

素話（すばなし）とは、そのように、絵本などの視覚的な道具をいっさい使わず、子どもたちに素朴に物語を語るものです。ですから、語り手はあらかじめ童話や昔話を自分のものにしておき、子どもとまなざしを合わせながら物語を語ります。お話、ストーリーテリングとも言われます。

素話を始めると、子どもたちはキラキラと目を輝かせ、主人公と一体化してお話に聴き入ります。語り手自身が「このお話はきっとおもしろいから聴いて！」と、子どもに話したくてたまらないお話もあれば、「このお話をしたら子どもはどんな風に喜ぶだろう」「どんな反応をするだろうか」と思えるようなお話もあるでしょう。ハラハラドキドキしながら聴き入る子どもたちの張り詰めた緊張感に、語り手の表情や表現力もどんどん引き出されていきます。そのように語り手と聴き手が相乗的にお話の雰囲気を盛り上げ、一緒にお話のイメージを創りあげていくのが素話の魅力と言えるでしょう。

コラム「語る」

一説によれば、「語る」という言葉の語源は「搗（か）つ」という言葉だと言われています。搗つとは、おもちを搗（つ）くときのように、道具を使ってものに衝撃を与え、細かく打ち砕くことです。すなわち、素話は、声と言葉で搗つことによって、聴き手の心に衝撃を与え、感動や楽しさを生み出すことができるのです。と同時に、語り手自身も聴き手とまなざしを合わせながら一緒に物語の世界を楽しみ、お話を深く味わえる魅力があると思います。素話には、語り手と聴き手の間をさえぎる道具が何もないために、語り手が、子どもたちとまなざしを合わせやすく、子どもたちの表情や反応がすぐ察知できて、それに対応しやすいというよさもあるでしょう。

アレンジ参考例

課題から「3びきのこぶた」と「ももたろう」「おむすびころりん」のアレンジ例を紹介します。まずは「3びきのこぶた」です。こぶたの兄弟が3びきとも助かり、おおかみだけが死んでしまう話になっています。

アレンジ参考例　3びきのこぶた

「3びきのこぶた」のお話をします。 …… 題名を忘れずに言う

むかし、お母さんぶたと3びきのこぶたがいっしょに住んでいました。お母さんぶたは、ある日こぶたたちに言いました。 …… お話の設定が伝わるように丁寧に

「みんな、もう大きくなったから、自分でおうちをたてて暮らしなさい」 …… 明るく、温かい声で／手は前で合わせて、語りかける感じを出す

そこで、1番めのおおぶたは、軽いわらでおうちをたてました。 …… こぶたに名前をつけると親しみやすくなる／人差し指で、1を表す

2番めのちゅうぶたは木でおうちをたて、3番めのちいぶたは、硬いれんがでおうちをたてました。 …… 「わら」「木」「れんが」の違いがわかるようにはっきりと／指を2本、3本出す

（ひと呼吸おく）

すると、おおぶたのわらの家におおかみがやってきて、戸をたたいて言いました。 …… 驚いたように／戸をたたくしぐさ

「やい、こぶた、おれを家の中に入れろ！」 …… 乱暴に

「いやだよ！」 …… おおぶたの声で

「それならこんな家、フーッと吹き飛ばしてやるぞ！」

おおかみはフーッと、わらの家ごとおおぶたを吹き飛ばしてしまいました。 ……「フーッ」を勢いよく

おおぶたは、「助けてー！」と、ちゅうぶたの木の家へ逃げました。 ……慌てた感じで

おおかみは、今度はちゅうぶたの木の家へ行き、戸をたたいて言いました。 ……戸をたたくしぐさ

「やい、こぶた、おれを家の中に入れろ！」 ……乱暴に

「いやだよ！」「いやだよ！」 ……２ひきの声を変えて

２ひきのこぶたは言いました。

「それならこんな家、プーッと吹き飛ばしてやるぞ！」 ……「プーッ」を勢いよく／口元に手を当てる

おおかみはプーッと、木の家ごとこぶたたちを吹き飛ばしてしまいました。

おおぶたとちゅうぶたは「助けてー！」と、ちいぶたのれんがの家へ逃げました。 ……慌てて

おおかみは、今度はちいぶたのれんがの家へ行き、戸をたたいて言いました。 ……戸をたたくしぐさ

「やい、こぶた、おれを家の中へ入れろ！」 ……乱暴に

「いやだよ！」「いやだよ！」「いやだよ！」 ……３びきの声を変えて

３びきのこぶたは言いました。

「それならこんな家、フーッと吹いて、プーッと吹き飛ばしてやるぞ！」 ……「フーッ」と「プーッ」を使い分ける

ところが、どんなに吹いてもれんがの家はびくともしません。 ……どっしりと

怒ったおおかみは、どなりました。

「煙突から入っておまえたちを食ってやる！」 ……怒った様子で

「たいへんだ！　おおかみが家の中に入ってきたら、食べられちゃうよ」

結末に向けて盛り上げる

そこで、こぶたたちは力を合わせ、急いで、煙突の下の大きなお鍋いっぱいに熱いお湯をわかしました。

湯気がもくもくしている様子を手で表す

すると煙突からおりてきたおおかみは、バッシャーンとお鍋の中におちて死んでしまいました。

強調すると残酷になるので、あっさりと

それから、３びきのこぶたは幸せに暮らしたそうです。

お話の終わりに向けてゆっくりと

おしまい。

語り方のポイント

1. 同じ言葉や、似ているけれど少しだけ違う言葉の繰り返しを子どもたちが楽しめるように語りましょう。
2. ３歳児は擬音も大好きです。「フーッ」「プーッ」などは、はっきりと言いましょう。
3. おおかみの声を怖くしすぎないように気をつけましょう。

もう一つのアレンジ例は「ももたろう」です。ももから生まれたももたろうが、犬・さる・きじと一緒に、おにをやっつけるお話です。

アレンジ参考例　ももたろう

「ももたろう」のお話をします。　……題名を忘れずに言う

むかしむかし、あるところに、おじいさんとおばあさんがすんでいました。　……お話の設定が伝わるように丁寧に

あるひ、おばあさんが、川でせんたくをしていると、大きなももが、どんぶらこっこ、どんぶらこっこと、ながれてきました。　……リズミカルに／手で大きなももを表現

「まあ、りっぱなももだこと！」　……驚いたように

おばあさんは、ももをひろって、うちへ持って帰りました。

そして、おじいさんといっしょに食べようとしたそのとき、ももはひとりでにわれて、中から元気な赤んぼうが生まれました。　……明るく／手のひらを合わせ、それから開く

言語

ふたりは赤んぼうに、「ももたろう」と名前をつけて、たいせつにそだてました。

ももたろうは、ぐんぐん大きくなり、りっぱなわかものになりました。

元気に

あるひ、ももたろうは、言いました。

「おじいさん、おばあさん、みやこでは、おにがしまのおにたちが、たくさんの人を苦しめています。

わたしは、おにたちをやっつけに、おにがしまへ行ってきます」

決意したように

おじいさんとおばあさんは、食べるととっても力が出る、きびだんごを作って、ももたろうに持たせてあげました。

思いやりをこめて

ももたろうが、ずんずん歩いていくと、犬と、さると、きじがやってきました。

両手を軽く振って歩くしぐさ

「ももたろうさん、わたしたちもいっしょに、おにとたたかいます」

元気に

「ありがとう！」

ももたろうは、犬と、さると、きじに、きびだんごをわけてあげて、いっしょに食べました。

きびだんごを渡すしぐさ

それからももたろうたちは、ふねにのって、おにがしまにのりこみました。

おにたちは、ももたろうを見つけると、すぐにおそいかかってきました。

テンポよく

おそいかかるしぐさ

でも、ももたろうたちは、きびだんごを食べているので、元気いっぱい！

ももたろうは、おにたちをかたっぱしから投げとばし、犬はかみつき、さるはひっかき、きじはつっつきました。

「うわあ、こりゃたまらん。

おにのたからものをさしあげますので、ゆるしてください」

おにたちは、たちまちこうさんしました。

ももたろうは、たくさんのたからものを持って、おじいさんとおばあさんのところに帰っていきました。

そしてみんなで、いつまでもしあわせにくらしました。

おしまい。

ユーモラスに

両手を頭に添えて許してもらう感じに

お話の終わりに向けてゆっくりと

語り方のポイント

1 ももたろうが生まれるところ、おに退治へと出かけるところ、犬・さる・きじをお供にするところ、おにたちと戦うところと、場面ごとにおもしろさがあるお話です。明るく、テンポよく語りましょう。

2 ももが流れてくる場面は、「どんぶらこっこ」をリズミカルに語り、不思議なできごとをおもしろく表現しましょう。

3 おにが登場する場面は過剰に怖さを強調しないように。あまり恐ろし気に表現すると、３歳の子どもは怖がってしまいます。ユーモラスに語りましょう。

最後に、「おむすびころりん」を元のお話を読み、ｐ.119 に書いてある「アレンジのポイント」を確認しながら、台本を作成してみます。原文のほうが長いので、３分間にまとめるためには短くアレンジする必要があります。

長いもの、短いもの、結末が少し違うものなど、絵本や昔話集などでいろいろなものがあります。代表的な例として次のものをみてみましょう。

元のお話！

おむすびころりん　～あらすじ～

むかしむかし、あるところに、**正直で働き者のおじいさん、おばあさん**と、**欲張りでうそつきなおじいさん、おばあさん**がいました。……①、②

ある日、正直者のおじいさんは山へ**柴刈り**に行きました。……③

お昼になったので、おじいさんは、おばあさんが作ってくれたお弁当を食べようと包みを開けますが、手がすべり、おむすびはころころと木の下の穴に落ちてしまいました。

おじいさんががっかりして穴の中をのぞきこんでいると、穴の中からかわいらしい歌声が聞こえてきます。

おむすびころりん　すっとんとん
おむすびころりん　すっとんとん……④

歌の好きなおじいさんは喜んで、おむすびをもう一つ穴の中に転がしてみました。

するとまた、歌が聞こえてきます。

聞こえてくる歌に夢中になって、とうとう最後のおむすびまで転がしてしまうと、おじいさんも足をすべらせて穴に落ちてしまいます。

おじいさんころりん　すっとんとん
おじいさんころりん　すっとんとん……④

落ちたところは**ネズミ**の屋敷でした。……②

「おじいさん、おいしいおむすびをありがとう。

お礼にご馳走しますから、ゆっくりしていってくださいね。
でも、約束です、決して『にゃあ』とは言わないでくださいね」

おじいさんはネズミたちに、もちつきや踊りなどで歓迎され、おなかいっぱいご馳走になって、小さい**つづら**をもらって帰りました。 ……③
正直者のおじいさんが自宅に帰り、おばあさんに土産話をしながらつづらを開けると、そこにはお宝がたくさん入っていました。

それをこっそり見ていた欲張りなおばあさんは、自分達も宝を手に入れようと、おじいさんをけしかけます。
欲張りなおじいさんは、穴をみつけるとおむすびを穴に落とし、すぐに自分も飛び込みました。

ネズミの屋敷に着いた欲張りなおじいさんは、そこにある宝を全部手に入れようと、猫の鳴きまねでネズミを追い払おうとします。
すると、ネズミたちはおびえてにげまどい、あかりも消えてしまいました。真っ暗で帰り道がわからなくなったおじいさんは、穴を掘り続けているうちにもぐらになってしまいましたとさ。（終わり）

……①、②

アレンジのポイント

①全部入れようと思うと時間が足りないので、**思い切って話をしぼりましょう。**
　例えば→　正直者のおじいさんだけの話にする、など。
②**登場人物**を決めましょう。おばあさんのセリフを入れてもいいですね。
③**３歳児にもわかる言葉**に。
　例えば→　「柴刈り」は「木を切る」、「つづら」は「箱」など。
④３歳児は**繰り返しの音**を喜びますので、ネズミの歌はぜひ入れましょう。

こんな風にアレンジしました！

おむすびころりん

これは、実際の試験の合格者のアレンジ原稿です。

「おむすびころりん」のお話をします。…… 題名を忘れずに言う

　むかしむかし、あるところに働きもののおじいさんがいました。…… 子どもが引き込まれるようにひといきで

　今日もおじいさんは山で畑仕事です。

　（ひと呼吸おく）

「あー、おなかがすいた。そろそろ、お昼にしよう」…… おじいさんの声で

　おばあさんがつくってくれたおむすびを食べようとすると、…… おむすびを食べるようなしぐさ
おむすびはころころ転がって、穴の中へ落ちてしまいました。

　おじいさんはがっかりです。すると……　…… 耳をすますように／ひと呼吸

　（間）

　おむすびころりん　すっとんとん
　おむすびころりん　すっとんとん　…… かわいい声で歌うように

　穴の中から、かわいいうたがきこえてきました。

「おやおや、なんと、ふしぎな」…… おじいさんの声でふしぎそうに

　おじいさんはびっくりしましたが、楽しくなって、おむすびをもう一つ、穴の中に転がしてみました。…… 耳をすますように／ひと呼吸

　（間）

　おむすびころりん　すっとんとん
　おむすびころりん　すっとんとん　…… かわいい声で歌うように

　また、かわいいうたがきこえてきます。

「おぉおぉ、ゆかいゆかい」…… おじいさんの声で楽しそうに

　おじいさんは大喜びです。

ところが、

ここはちょっと低く声の調子を変えて

喜びすぎて足を滑らせ、おじいさんも穴の中へ。

もとの調子で

すとーん。

落ちていくように

（間）

目を見開き、全体を見回す

ひと呼吸

おじいさんころりん　すっとんとん
おじいさんころりん　すっとんとん

ちょっと驚いたような歌い声

穴の中には、かわいいネズミたちがいっぱいいました。

「おじいさん、おいしいおむすびをありがとう。ゆっくりしていってくださいね」

ネズミの声はかわいらしく

ネズミたちは歌って踊って、ぺったんぺったん、おもちをついてくれました。

腕を振っておもちをつくしぐさ

おなかいっぱいおもちを食べて、楽しく過ごしたおじいさんは、

「いーっぱい」という気持ちで

「今日はありがとう。おばあさんが待っているから、そろそろ帰りましょう」
おみやげをたくさんもらっておうちへ帰りましたとさ。

おしまい。

言語

お話はどこまでアレンジしていいの？

(1) 台本をアレンジするときの留意点

台本をアレンジする必要があるのは、昔話や童話を、対象年齢の子どもたちが無理なくイメージすることができるようにするためや、制限時間内で語れるようにするためです。

しかしもとになる昔話や絵本の文章をどこまでアレンジしてよいのかは、難しいところです。なぜなら、同じ題名の話が全国に何種類も伝承されていたり、絵本が何冊も出版されていたりするからです。

ただ、課題の注意書きには「一般的なあらすじを通して、3歳の子どもがお話の世界を楽しめるように」と明記されています。このことから考え、あまり独創的なお話の展開にはしない方がよいと思われます。なるべくポピュラーで、よく知られているあらすじを選択することをお勧めします。

よく知られているあらすじを選ぼう！

(2) 台本アレンジのポイント

例えば、私達がダイエットしても骨格は変わらないのと同様に、お話をアレンジする場合も、主人公や登場人物などの性格や、おおよそのお話の骨組みや出来事の意味、お話の本質は変えないようにする必要があります。

そのため、この本にのせているアレンジ例は、性格づけをわかりやすく表現したり、キーワードを使って、耳から聴くお話としてとらえやすいように表現したりするようなアレンジにしています。その他の細かい描写については、制限時間に合わせて台本を何度も読み、削ったり付け加えたりしましょう。

お話の本質は変えないよ。

ワンポイント

台本ができたら聴いてもらおう！

お話が難しすぎると子どもたちは飽きてしまい、集中して聴くことができません。台本ができたら、ご自分の家族や近所の子どもなど、身近な子どもたちに聴いてもらったり、児童館などで語らせてもらったりすると勉強になります。子どもたちがどこで喜んだのか、どこはつまらなそうだったのかなど、反応を見て台本のアレンジを考えたり、お話の仕方を工夫したりしてみましょう。

(3) 台本アレンジの手順

台本をアレンジする際の手順を下に示しました。昔話や絵本などを参考にアレンジしてみましょう。

1 お話の骨組みとなる主人公や登場人物、性格などをメモする。

2 「誰がどうしたか」という出来事を時系列に書きとめる。

3 1と2をもとに、できるだけ簡潔にあらすじを組み立てて文章化する。

4 登場人物の性格などがわかるように、セリフを加えて肉づけする。

5 細部の描写を付け加えたり、不要な描写を削ったりする。

6 時間を計りながら、全体を声に出して読み、調整と推敲(すいこう)を行う。

1～4の過程は、絵本の本文などを使って、アレンジしていってもよいと思います。ただし絵本は絵そのものが語りかけてくる内容となっているので、そのことに十分配慮して表現する必要があります。特に3歳児対象のお話の場合は、全体として具体的にイメージできる言葉を使うことが望ましいでしょう。

コラム「素話は児童文化財」

素話(すばなし)は、昔話が伝承される最も素朴な形でした。現代では映像文化が発達し、テレビなどにより画面が次から次へと変化する流動刺激で伝わります。しかし、能動的に働きかけなくてもよい状況では、脳の前頭葉が活性化されにくくなり、思考力、想像力などが鈍くなる可能性もあります。人とまなざしを合わせ、相手の表情を読み取り、気持ちを込めた言葉を伝え合うという、ダイレクトなコミュニケーションを通し、子どもたちの語彙は豊かになるのです。

素話は道具を使わないので、震災後の被災地などさまざまな状況下で、子どもたちを楽しませることのできる貴重な児童文化財です。

練習の方法

(1) お話（台本）の覚え方

人によって覚え方はさまざまですが、覚え方の一例をあげてみましょう。

覚え方のポイント

1. 全文を何度か黙読し、あらすじをつかみます。
2. 声に出して何度も音読しましょう。
3. 絵本をめくるように、段落ごとに頭の中で絵にしながら、覚えていきます。
4. 覚えては声に出す、声に出しては覚えることを繰り返しましょう。
毎日少しずつ覚える場合は、前日覚えたところを復習し、スムーズに語れるようになってから、当日分を覚えるようにするとよいでしょう。
5. 全体を覚えてから、セリフの抑揚、間（ま）を取るなどの細かい表現を加えていきます。

採点委員を前にすると、誰でも緊張します。何の道具も使わず、暗記したお話を語るのですから、「忘れたらどうしよう」などという不安も、頭をかすめるかもしれません。

しかし、椅子という子どもに見立てられたものがあるので、語り始めてからは、採点委員と目を合わせる必要はありません。子どもたちに話す自分の様子を見てもらい、お話を聴いてもらうと考えればよいでしょう。大丈夫、練習通りにやればよいのです。

ワンポイント　話し始めと話し終わり

開始の合図があったら、最初に題名を子どもたちに向かって言いますが、「○○のお話をします」「○○という話をします」と言えば、それが導入になるでしょう。あまり導入が長すぎると、幼児にとっては、どこからが素話かわからなくなる可能性もあります。

また、お話が終わったら、「おしまい」などとあっさり終わりましょう。「おもしろかったね！」と言ったり、教訓をたれたり、解説したりすると聴き手への押しつけになりますので、気をつけましょう。

(2) 練習の仕方

台本ができたら、あとは練習するだけです。こんな練習方法も試してみましょう。

1 鏡の前で話す

鏡の中の自分を見ながら語るのは最初は少しやりにくいと思いますが、人前で語る練習になりますし、自分の語り方を客観的に見ることにもなるので、よい方法です。

2 録音する

自分の話を耳から聴き、声の大きさ、口調、抑揚や間の取り方などをチェックしましょう。

3 時間を計りながら話す

何度か練習してなめらかに話せるようになってきたら、必ず時間を計って練習してみましょう。

また、慣れてくると早口になることがありますので、ときどき計るとよいでしょう。

制限時間に余裕があるときには、間の取り方なども工夫しましょう。

4 録画する

スマートフォンなどで録画してチェックするのもよい方法です。表情や、子どもたちと視線を合わせているか、動作が激しすぎないかなど、全体を見渡せます。

5 家族や友人の前、児童館などで語らせてもらう

自分だけで語るのと、人の前で語るのとでは、緊張感がまったく違いますので、とてもよい練習になるでしょう。

保育園や幼稚園などで、機会があればぜひ話させてもらいましょう。職場などで協力してもらうのもよいでしょう。

この方法をとらなければいけないということはありません。自分に合った練習方法を開発してみてください。試験当日に練習成果が発揮でき、できるだけ楽しく語れるように工夫してみましょう。

受験者のココが気になる！Q&A②

全：試験全般　音：音楽
造：造形　言：言語

全：足もとは靴で大丈夫？
A：靴のままでよいところが多いようですが、会場によっては土足厳禁の場合もあります。用意された履き物が滑りやすかったり脱げやすかったりと不安定な場合のために、念のため、履き慣れた室内履きなどを準備しておくと安心です。

音：採点委員は会場のどこにいるの？
A：受験者の顔がしっかり見えるところ、まったく見えない受験者の背後など、残念ながら会場によって違うようです。採点委員を気にするよりも、そこに子どもたちがいることを想定して、一緒に歌うことを想像してみましょう。

音：失敗しちゃった！　やり直してもいい？
A：前奏や歌い出しなどまだ早い段階なら、採点委員に「すみません、やり直させてください」と声をかけてやり直させてもらうこともできるようです。もし途中でミスしても、慌てずに、明るく元気に歌いきるのがいいでしょう。

造：膝掛けなどは使えますか？
A：地域や会場によっては寒いこともあるので、脱ぎ着しやすい上着や膝掛けなどがあると安心ですね。ただし、膝掛けなどは無地など、絵画の参考となるような柄の入っていないものの方がよいでしょう。

造：一人当たりのスペースはどのくらいあるの？
A：会場によりますが、それほど広々としたスペースはないと考えた方がよいでしょう。解答用紙のある自分の前のスペースと、色鉛筆を置くスペースくらいで練習しておくと当日狭くても慌てずに済みます。また、受験番号によって、色鉛筆を置けるスペースが右側になるのか左側になるのかも違います。どちらでも対処できるようにしておきましょう。

言：練習より時間がかかって途中までしか話せなかったけど大丈夫？
A：最後までお話しできなかった受験者で合格された人もいるようです。間違いを言い直したりして練習よりセリフが増えてしまっても、慌てずに自分のペースを保つことを心がけた方がよいでしょう。

言：時間が余ってしまったらどうしよう？
A：「練習よりも早口になってしまった」など、時間が余っても、３分間は退出できません。「おしまい」を言ってもまだ合図のベルが鳴らない場合、慌てて予定にないことを言ったりせずに、笑顔で静かに待ちましょう。それだけで不合格となることはないと思われます。

※記載の内容は独自取材の情報です。

■監修：近喰 晴子
和田実学園学事顧問。前秋草学園短期大学学長。日名子太郎に師事し、保育学に関する研究を重ねる。保育内容、保育者論、実習関係等のテキストを執筆。

■執筆者
音楽に関する技術：
谷上　公子
洗足こども短期大学非常勤講師

造形に関する技術（解説・作品例）：
関根　淳
イラストレーター、元美術大学受験予備校講師

言語に関する技術：
コンデックス情報研究所

■編著：コンデックス情報研究所
1990年6月設立。法律・福祉・技術・教育分野において、書籍の企画・執筆・編集、大学および通信教育機関との共同教材開発を行っている研究者・実務家・編集者のグループ。

■本文イラスト：オブチミホ

■企画編集：成美堂出版編集部

本書の正誤情報等は、下記のアドレスでご確認ください。
http://www.s-henshu.info/hojkm2402/

上記掲載以外の箇所で正誤についてお気づきの場合は、**書名・発行日・質問事項（該当ページ・行数**などと**誤りだと思う理由**）**・氏名・連絡先**を明記のうえ、お問い合わせください。

・web からのお問い合わせ：上記アドレス内【正誤情報】へ
・郵便または FAX でのお問い合わせ：下記住所または FAX 番号へ

※電話でのお問い合わせはお受けできません。

[宛先] コンデックス情報研究所「保育士実技試験完全攻略 '24 年版」係
住　　所：〒 359-0042　所沢市並木 3-1-9
FAX 番号：04-2995-4362（10:00 ～ 17:00　土日祝日を除く）

※本書の正誤以外に関するご質問にはお答えいたしかねます。また受験指導などは行っておりません。
※ご質問の受付期限は、2024 年の各実技試験日の 10 日前必着といたします。
※回答日時の指定はできません。また、ご質問の内容によっては回答まで 10 日前後お時間をいただく場合があります。あらかじめご了承ください。

コンデックス情報研究所では、合格者の声を募集しています。試験にまつわる様々なご意見・ご感想等をお待ちしております。
こちらのアドレスよりお進みください。　http://www.condex.co.jp/gk

保育士実技試験完全攻略 '24年版

2024年4月30日発行

監　修　近喰晴子（こんじきはるこ）
編　著　コンデックス情報研究所（じょうほうけんきゅうしょ）
発行者　深見公子
発行所　成美堂出版
〒162-8445　東京都新宿区新小川町1-7
電話(03)5206-8151 FAX(03)5206-8159
印　刷　大盛印刷株式会社

ISBN978-4-415-23824-1

JASRAC(出)2401517-401